MARCO POLO

SRI LANKA

Reisen mit
Insider-Tipps

Diese Tipps sind die ganz speziellen Empfehlungen unserer Autoren. Sie sind im T

Vier Symbole sollen Ihnen die Orientierung in diesem Führer erleichtern:

★ *für Marco Polo Tipps – die besten in jeder Kategorie*

für alle Objekte, bei denen Sie auch eine schöne Aussicht haben

für Plätze, wo Sie bestimmt viele Einheimische treffen

(112/A1)
Seitenzahlen und Koordinaten für den Reiseatlas Sri Lanka

Diesen Führer schrieb Bernd Schiller.
Die Überarbeitung und Aktualisierung besorgte Robert Haidinger, Reisejournalist, Fotoreporter und Buchautor mit besonderem Schwerpunkt Südasien.

Die Marco Polo Reihe wird herausgegeben von Ferdinand Ranft.

Die aktuellsten Insider-Tipps finden Sie im Internet unter http://www.marco-polo.de

MAIRS GEOGRAPHISCHER VERLAG

Unsere Autoren haben nach bestem Wissen recherchiert. Trotzdem schleichen sich manchmal Fehler ein, für die der Verlag keine Haftung übernehmen kann.

Titelbild: Am Strand von Negombo (Bildarchiv Huber)
Fotos: Ceylonesisches Fremdenverkehrsamt (62, 76, 77); D. Eisermann (10); R. Haidinger (35, 46); V. Janicke (8, 69); H. Jennerich (64); G. Jung (12, 23, 28, 36); Lade: BAV (4), Bergmann (6), Ege (20), Fiedler (9); K. U. Müller (81); G. P. Reichelt (18, 19, 24, 32, 53, 67, 83, 86); Schapowalow: Heaton (63), Kähler (78), Komine (42), Valdin (43, 56); Mauritius: Hubatka (111); A. Sperber (14, 15); Timmermann: Nadler (55)

5., aktualisierte Auflage 2000 © Mairs Geographischer Verlag, Ostfildern
Chefredakteurin: Marion Zorn
Lektorat: Corinna Walkenhorst
Kartografie Reiseatlas: © Mairs Geographischer Verlag
Gestaltung: Thienhaus/Wippermann (Büro Hamburg)
Sprachführer: in Zusammenarbeit mit dem Ernst Klett Verlag für Wissen und Bildung GmbH, Redaktion PONS Wörterbücher.

Printed in Germany
Gedruckt auf 100% chlorfrei gebleichtem Papier

INHALT

Entdecken Sie Sri Lanka!

Eine Insel – das Paradies? Vielfältige Natur, Kultur und Probleme im »strahlend schönen Land«

Wie eine Perle, so sieht es auf der Landkarte aus, hängt die Insel am indischen Subkontinent. Keinem anderen Land hat man schönere Namen gegeben. In der Antike war vom Teich der roten Lotosblüten die Rede, vom Land der Hyazinthen und Rubine, von Lankadiva, der Insel der Götter, und immer wieder von der Juweleninsel. Auch Sri Lanka, der neue alte Staatsname, hat eine poetische Bedeutung: »strahlend schönes Land«. Und bis in die Gegenwart, bis in die Reisekataloge von heute, wird nur zu gern auf den Vergleich mit dem Paradies verwiesen. Seit Urzeiten haben nämlich Legenden hier den Garten Eden vermutet.

»Ceylon! So wäre denn der Fuß auf dieses viel besungene paradiesische Eiland gesetzt. Wir stehen tief drinnen im Märchenlande der Tropen, nur sieben Grad trennen uns vom Äquator ...« So schwärmerisch schilderte 1905 Julius Meurer, ein damals bekannter Globetrotter, seine Ankunft in Colombo. Jahrhunderte vor ihm reiste Marco Polo begeistert durch das Land, bestieg sogar den heiligen Berg Adam's Peak. Und ein anderer klassischer Vorläufer der Touristen von heute, Ibn Batuta, schrieb vor 700 Jahren »von der Insel Zeilan: Sie ist die beste der Welt ...« Das weckt Sehnsüchte.

Und so fliegen denn auch Jahr für Jahr hunderttausende auf die ferne Insel im Indischen Ozean, von der uns doch nur noch knappe zehn Flugstunden trennen. Sie freuen sich auf freundliche Menschen, auf Palmenstrände, Tropensonne und »Exotik«, auf die großartigen Zeugnisse einer alten Kultur, auf Landschaftsvielfalt, die zu Recht gerühmt wird. Sie haben Bilder im Kopf von Reisfeldern und Teegärten, von weißen Tempeln und lächelnden Buddhas, von braunhäutigen Fischern, die mit ihren Katamaranen – ein singhalesisches Wort übrigens – aufs Meer fahren, von kleinen Strandlokalen, wo preiswerte Riesengarnelen und andere Genüsse unter Palmen oder unterm Sternenhimmel serviert werden.

Im Wind sich wiegende Palmen, feinkörniger Sand, tiefblaues Wasser – »im Märchenlande der Tropen«

Und sie hoffen, dass es ruhig bleibt auf der Insel, wenigstens dort, wo sie unterwegs sein wollen. Denn ein bisschen Skepsis begleitet jede Planung, seit 1983 blutige Unruhen das Land in die Schlagzeilen der Welt brachten. Auch danach war zu oft die Hölle los im Paradies. Erst seit 1991 hat sich im weitaus größten Teil des Landes die Lage so weit beruhigt, dass auch Touren auf eigene Faust wieder völlig problemlos möglich sind. An den Stränden der West- und Südküste fühlen sich die Urlauber ohnehin weitab von den Problemen dieser Welt.

Einen Großteil der noch schöneren Ostküste, zu jeweils einem Drittel von Tamilen, Singhalesen und Muslimen bewohnt, muss man allerdings weiterhin aus der Reiseplanung ausklammern. Und die überwiegend von Tamilen bewohnte Jaffna-Halbinsel kann bis auf weiteres überhaupt nicht besucht werden – nördlich von Vavunya ist »Endstation«. Diese Regionen werden in diesem Reiseführer zwar vorgestellt, es wird aber auf Informationen zur Besichtigung und erst recht zu Hotels oder Restaurants verzichtet. Solche Angaben sind derzeit nicht überprüfbar.

Anmut im Alltag

Besuchern, die auf Sri Lanka in die lächelnden Gesichter sanfter Menschen schauen, von denen sie nicht sagen können, ob es Tamilen oder Singhalesen sind, ist die Grausamkeit unbegreiflich, mit der sich die beiden Bevölkerungsgruppen befehden. Die Wurzeln des Streites reichen tief in die Vergangenheit. Stets war Geschichte auf dieser Insel auch eine Geschichte des Kampfes zwischen Singhalesen und Tamilen, seit über 2000 Jahren gleichbedeutend mit dem Streit zwischen Buddhisten und Hindus. Mit einer Legende beginnt die Historie: Ein Königssohn aus Nordindien, Vijaya, angeblich Enkel eines Löwen (*Singha* oder *Sinha* auf Singhalesisch), landet mit 700 Kriegern auf der Insel. Auf ihn führen die Singhalesen – »Löwenmenschen« – ihren Ursprung zurück.

Am selben Tag, an dem der Prinz hier ankam, ging, so setzt sich die Legende fort, ein Adliger in Nordindien ins Nirwana ein – als Buddha (»der Erleuchtete«). Das war um 480 v. Chr. 250 Jahre später bekehrte ein Sohn des großen indischen Kaisers Ashoka den König von Anuradhapura zum Buddhismus. Seither bestimmt diese Philosophie der Toleranz den Alltag und mit ihren Festen auch den Jahresrhythmus der Bevölkerungsmehrheit. Und genauso lange halten die Versuche der Tamilen an, sich ihren Anteil am Paradies zu sichern. Bis ins 20. Jahrhundert machten sich europäische Mächte, die sich als Kolonialherren die Insel unterworfen hatten, den Zwist zunutze.

Vor allem die Briten waren auch in diesem Teil der Welt Meister in der Kunst, zwei Gruppen gegeneinander auszuspielen. Sie bevorzugten, zum Beispiel in der Verwaltung, die Tamilen, um der gefährlicheren, weil größeren Bevölkerungsgruppe, nämlich den Singhalesen, Wind aus den Segeln zu nehmen. Nach der Unabhängigkeit (1948) drehten jene, die sich schon immer für das eigentliche Staatsvolk gehalten hatten, den Spieß um: Die Singhalesen unterdrückten nun Kultur und Sprache der Tamilen. Die flüchteten sich erst in den politischen und später dann in den bewaffneten Widerstand. Heute findet er, in mehrere Terrorgruppen zersplittert, längst schon keinen Rückhalt mehr in Indien und immer geringere Unterstützung in der eigenen Bevölkerung.

Schon in der Antike haben die Tamilen von ihrem ursprünglichen Herkunftsland Südindien aus häufige Versuche unternommen, sich die Insel Lanka zu unterwerfen. Immerhin haben sie dabei im kargen Norden (Jaffna-Halbinsel) Fuß fassen können (und dort das Land mit großem Fleiß kultiviert). Seither blicken die alteingesessenen, etwas hellhäutigeren Singhalesen, die als sanftmütig gelten, denen aber Chauvinismus keineswegs fremd ist, stets mit Skepsis auf den nahen Subkontinent.

Als sich in den letzten Jahrzehnten der singhalesisch-buddhistische Nationalismus immer stärker ausbreitete – mit ebenso eindeutiger Benachteiligung der Tamilen –, führte das zu einer heftigen Reaktion auf tamilischer Seite, zunächst politisch, schon bald militärisch. Im »Schwarzen Juli« des Jahres 1983 wurden 2000 Tamilen als Vergeltungsaktion für einen terroristischen Anschlag getötet – damit begann ein bis heute andauernder Bürgerkrieg. Gefährlichster Widersacher der Regierung im Rahmen der erbittert geführten Kampfhandlungen ist seither die militante Gruppierung der »Liberation Tigers of Tamil Eelam« (kurz: LTTE oder »Tamil Tigers«). Ihre Forderung: ein eigener tamilischer Staat (Eelam) im Norden und Osten der Insel.

Über 50 000 Tote haben die kriegerischen Auseinandersetzungen bisher gefordert, und nach zahllosen Bombenattentaten der LTTE-Selbstmordkommandos der »Black Tigers«, gebrochenen Waffenstillständen und sogar Seeschlachten mit den »Sea Tigers« kontrolliert die Regierung längst alle wichtigen Städte im Norden und Osten und unterhält ein dichtmaschiges Netz an befestigten Posten. Doch nur wenige Schritte davon entfernt agieren die Guerillas der »Tamil Tigers«.

Zwei entspanntere Epochen begründeten in der lankischen Antike hingegen die heute so viel bewunderte, religiös geprägte Hochkultur. Das waren die großen Königreiche, die erst sehr lange von Anuradhapura und danach für kurze Zeit von Polonnaruwa aus regiert wurden. Über Jahrhunderte waren diese Königsstädte, die als Ruinenfelder heute Ziele jeder Rundreise sind, von Urwald überwuchert. Wie an so vielen Orten auf der Insel, leuchten dort die weißen Kuppeln der buddhistischen Heiligenschreine – *Dagobas* genannt – aus dem dunklen Grün der Landschaft und faszinieren den Besucher durch die ruhige Atmosphäre.

Alle Tempel, auch wenn nur Säulenreste und Steine übrig geblieben sind, gelten den Einheimischen als heilig. Sie legen Blüten vor die verwitterten Buddhastatuen, sie betreten die Bezirke längst aufgelöster Klöster nach wie vor nur barfuß und mit liebevollem Respekt. Im Zentrum aller Tempel, Klöster und Reliquienschreine der singhalesischen Bevölkerungsmehrheit steht die Verehrung Buddhas. Der – wörtlich – Erleuchtete wird sitzend, stehend oder liegend dargestellt. Seine Handhaltungen *(Mudras)* sind Gesten der Segnung, der Lehre, der Abwehr von Furcht oder der tiefen Meditation. Eine Dagoba birgt oft eine Reliquie Buddhas oder eines besonders angesehenen Mönches. Der Schrein ist nicht zu betreten (einzige Ausnahme: die weiße Kuppel von Kalutara, südlich von Colombo). Die Kuppeln, deren Form an Glocken oder Tropfen erinnert, symbolisieren das weibliche Prinzip, vereint mit der Spitze, die oben herausragt und Weltachse ebenso wie männliches Prinzip darstellt.

Eine der vielen Buddhastatuen aus dem Höhlentempel von Dambulla

Gekrönt wird diese Weltachse von einem gestaffelten Schirm. Damit werden die diversen Himmel verehrt – Stufen auf dem Weg ins Nirwana. Neben der Verehrung für den Erleuchteten kennen Sri Lankas Buddhisten überdies noch zahlreiche weitere Gottheiten.

Ausnahmen von der üblichen Tempelarchitektur bilden wie in Indien die alten Höhlenklöster, deren eindrucksvollstes Beispiel die phantastisch ausgemalten Felsgrotten von Dambulla sind – einer der Höhepunkte der Rundreise durch das kulturelle Dreieck. Die Eckpunkte dieses *Cultural Triangle* sind Anuradhapura im Norden, Kandy als Ort des verehrten Eckzahns des Buddha im Süden und Polonnaruwa im Osten Sri Lankas.

Hindutempel, wie sie im Pettahviertel von Colombo, in Matale bei Kandy, bei Puttalam, an der Ostküste bei Trincomalee und vor allem auf der Jaffna-Halbinsel, im tamilisch dominierten Norden, zu sehen sind, haben stilistisch und in ihrer Wirkung auf westliche Besucher nichts gemein mit den Sakralbauten des Buddhismus. Ihre Vielzahl an bunten, oft grellfarbigen Figuren, die alle Tortürme *(Gopurams)* zieren sowie ihr scheinbarer Widerspruch von Sinnlichkeit und Askese erschließen sich dem Religionsverständnis europäischer Betrachter nicht so leicht wie die heiligen Gebäude der Buddhisten.

Neben diesen beiden Weltreligionen aus dem indischen Kulturkreis stellt der Islam eine große, besonders schnell wachsende Bevölkerungsgruppe (knapp acht Prozent der fast 19 Millionen

Weit leuchtet die weiße Kuppel dieser Dagoba von Anuradhapura

Einwohner sind Muslime), ihre Moscheen haben aber nicht annähernd den kunsthistorischen Stellenwert der Bauten der beiden Hauptreligionen von Sri Lanka.

Alle wesentlichen Kunstdenkmäler stammen aus der Glanzzeit buddhistischer Herrscher, die sich vor etwa 500 Jahren ihrem Ende zuneigte. Zwar saßen noch bis ins 19. Jahrhundert Könige auf einem singhalesischen Thron, zuletzt in Kandy. Aber schon seit Mitte des 16. Jahrhunderts mussten sie sich europäischer Eindringlinge erwehren und waren schließlich nur noch Marionetten der Kolonialmächte. Jeweils für etwa 150 Jahre drückten dann Invasoren aus Europa – nacheinander Portugiesen, Holländer und Briten – der Gewürz- und Teeinsel ihren Stempel auf. Auch an diese Zeiten wird der Reisende vielfach und vielerorts erinnert. Die Engländer, die das Land Ceylon nannten, hinterließen ja nicht nur Plantagen und politische Probleme, die bis heute ungelöst sind. Ihnen verdankt der junge Inselstaat auch demokratische Organe und ein ausgeprägtes

Der Zahntempel prägt das Bild der alten Königsstadt Kandy

demokratisches Bewusstsein sowie ein Bildungssystem, das in Asien nur von Singapur und Japan übertroffen wird.

Sri Lanka ist mit 65 610 qkm Landesfläche etwas kleiner als Irland und knapp so groß wie Bayern. Wenige andere Länder der Welt bieten auf einer so überschaubaren Fläche mehr Abwechslung an Natur und Kultur: die schönsten Strände Südasiens, Regenwälder, Savannen, Hochebenen, Mangroven, Reisterrassen, den Teeteppich und ein Bergland von unglaublicher Schönheit. Die Tempel der Gegenwart und die Ruinen aus der großen Vergangenheit lassen auch weit gereiste Touristen staunen und zu Vergleichen mit Weltwundern in anderen Erdteilen greifen. Aber vor allem anderen macht die Freundlichkeit der Einheimischen das Reisen in Sri Lanka so angenehm, so unvergesslich.

Nehmen Sie sich also unbedingt Urlaub vom Strand, fahren Sie für wenigstens eine Woche über die Insel: zuerst nach Anuradhapura, Mihintale und Polonnaruwa. Schauen Sie danach den bezaubernden Wolkenmädchen auf dem Felsen von Sigiriya in die Augen, fahren Sie durch die Gewürzgärten bei Matale und weiter nach Kandy, wo der weltberühmte Zahntempel Gläubige und Gäste anzieht.

Lassen Sie sich anschließend, nach der Serpentinenfahrt durch die Teeplantagen, von der nostalgischen Stimmung in Nuwara Eliya bezaubern. Wandern Sie bis ans Ende der Welt, so heißt ein Steilfelsen auf der Horton-Hochebene, besteigen Sie, auf den Spuren Marco Polos, den Adam's Peak. Entscheiden Sie in der kühlen Luft des Hochlandes, ob Sie schließlich über Ella – wo das schönste Rasthaus der Insel steht – oder über Ratnapura – wo die meisten Edelsteine aus dem Schlamm geschürft werden – an die Küste, nach Galle zum Beispiel, zurückfahren wollen. Das alte Fortviertel dort ist der ideale Platz, um der Geschichte des Landes in aller Ruhe nachzusinnen.

Die Insel, die auch einmal die Perle der Welt genannt worden ist, mag nie das Paradies gewesen sein. Aber sie kommt ihm an vielen Stellen sehr nahe, allen Problemen zum Trotz.

Geschichtstabelle

Ca. 5000 v. Chr.
Steinzeitkultur (»Balangoda«-Menschen; nach dem archäologischen Fundort im Bergland benannt)

483 v. Chr.
Prinz Vijaya (aus Nordindien) landet; erster von über 180 Singhalesen-Königen

248 v. Chr.
Mahinda, Sohn des indischen Kaisers Ashoka, bekehrt die Insel zum Buddhismus

250 v. Chr.–1017 n. Chr.
Anuradhapura-Periode

200 v. Chr.–ca. 50 n. Chr.
Tamilen (aus Südindien) fallen immer wieder ein. Im Süden: singhalesisches Königreich Ruhuna

1017–1235
Polonnaruwa-Periode

1517–1658
Portugiesische Kolonialherrschaft

1658–1796
Holländische Kolonialzeit

1802–1948
Britische Kronkolonie Ceylon

1815
Ende des Kandy-Reiches: Sri Vikrama Raja Singa, letzter König von Kandy, wird nach Südindien deportiert

4. Februar 1948
Ceylon wird unabhängig; erster Premierminister: D. S. Senanayake

1956
Wahlsieg für Solomon Bandaranaike

1960
Sirimavo Bandaranaike, die Witwe des von einem buddhistischen Mönch ermordeten Solomon Bandaranaike, wird erste Premierministerin der Welt

1972
»Sri Lanka« wird Staatsname

1978
Einführung der Präsidialdemokratie nach französischem Vorbild

Juli 1983
Ausbruch blutiger Unruhen. Tausende, vor allem Tamilen, sterben

1987
»Indian Peace Keeping Forces« greifen in den Bürgerkrieg ein und unterstützen Sri Lankas Armee im Kampf gegen die »Tamil Tigers«

1990
Abzug der indischen Truppen nach schweren Verlusten

1994
Neue Präsidentin ist Chandrika Kumaratunga

1995
Waffenstillstand für drei Monate, dann neue Terrorwelle. Jaffna wird von Regierungstruppen eingenommen

Januar 1998
Bombenanschlag auf den Zahntempel in Kandy

Buddhas eigene Insel

Ein Land, viele Volksgruppen, drei Sprachen. Aber die Religion prägt fast überall den Alltag

Buddhismus

Die 2500 Jahre alte Lehre des Siddharta Gautama, eines Adligen aus dem Grenzgebiet zwischen dem heutigen Nordindien und Nepal, ist die Staatsreligion in Sri Lanka. Zu ihr bekennt sich die große Mehrheit der Singhalesen. Der historische Buddha (das heißt »der Erleuchtete«) lebte etwa zwischen 560 und 480 v. Chr. Unter einem Feigenbaum (*ficus religiosa*) kam ihm, nach Jahren der Askese, an seinem 35. Geburtstag die Erleuchtung. Ein Ableger jenes Baumes, unter dem Siddharta erleuchtet wurde, wird heute in Anuradhapura verehrt. Buddhas ursprüngliche Lehre kennt keinen Gott und ist eher ein philosophisches System. Im Mittelpunkt steht das *Dharma,* eine Art Moralgesetz. Die so genannten vier edlen Wahrheiten fassen dieses »Gesetz« zusammen: die Wahrheit vom Leiden; von dessen Entstehung und Heilung durch Überwindung jeglicher Begierde; schließlich, als höchste der Wahrheiten: das Beschreiten des »achtfachen Pfades«. An diesem Pfad liegen rechte Erkenntnis, rechte Gesinnung, rechte Rede (ohne Lüge und Verleumdung), rechte Lebensführung, rechter Lebenserwerb, rechtes Bemühen, rechtes Denken und rechte Konzentration. Das alles bedeutet, vereinfacht ausgedrückt, methodische Selbstkontrolle. Die Lehre verschafft inneren Seelenfrieden und soll letztlich zum Nirwana (wörtlich: Verwehen) führen, das bedeutet: zur Erlösung aus dem Kreislauf ewiger Wiedergeburten. Sri Lanka ist der Hort des traditionellen Buddhismus, *Hinayana* genannt, der sich auf die bereits kurz nach Buddhas Eingang ins Nirwana postulierten, unverfälschten Regeln der Theravada-Schule beruft. Die Lehre des Hinayana (wörtlich »Kleines Fahrzeug«) verspricht nur jenen Eingang ins Nirwana, die aktiv auf dieses Ziel hinstreben. Verbreitet ist diese strengere Auslegung des Buddhismus auch in Thailand, Laos, Myanmar (früher: Burma) und Kambodscha. Am intensivsten streben dieses Ziel die 16 000 Mönche an,

Die liegende, 14 m lange Statue des sterbenden Buddha in Polonnaruwa

die die aktiv genutzten Klöster und Einsiedeleien des Landes – rechnet man die leer stehenden Klosterruinen mit, so handelt es sich um rund 5000 – nutzen. Der Nonnenorden (etwa 2000 Frauen) spielt keine große Rolle im buddhistischen Alltag von Sri Lanka.

Burgher

Das ist eine kleine Gruppe von Nachfahren holländischer, vereinzelt auch portugiesischer Kolonialherren. Sie sind Christen, meistens hellhäutig und sprechen Englisch. Das alles hat ihnen bis in die ersten Jahre nach der Unabhängigkeit großen Einfluss gesichert. Viele Burgher hatten gute Posten in der Verwaltung, in der Justiz, bei der Presse und in den Hotels. Das änderte sich, als Mitte der Fünfzigerjahre Singhalesisch zur Staatssprache erklärt wurde und Singhalesen bevorzugt in den öffentlichen Dienst kamen.

Elefanten

Sie genießen als Symbole der Weisheit und der Kraft große Verehrung. In der Wildnis leben noch knapp 3000 Elefanten – 1948, als Sri Lanka unabhängig wurde, waren es mehr als zehnmal so viele. Ungefähr 500 Arbeitselefanten helfen beim Holztransport und im Straßenbau. Es gilt als segensreiche Tat, den Klöstern kräftige Elefanten für die großen Prozessionen *(Peraheras)* zu leihen oder zu schenken.

Flora und Fauna

Sri Lanka ist ein Paradies für Naturfreunde, vor allem für Liebhaber tropischer Vegetation. Noch immer bedecken Regenwälder Teile des südlichen Berglandes. Neben und unter den Baumriesen (Teak- und Ebenholz, wilder Zimt, Brotfruchtbäume) blühen und wuchern 150 Orchideenarten, Kakteen, Rhododendren und Farne. Auch die exotischen Früchte (z.B. Mango, Papaya, Rambutan, Mangostane, Guave, Durian, Passionsfrucht und diverse Bananensorten) sowie die Gewürze in den *Spice Gardens* bei Matale (wie Zimt, Muskatnuß, Ingwer, Vanille, Kardamom, Safran, Zitronengras und Chili) und die üppige Pracht der botanischen Gärten von Peradeniya (bei

In vollem Einsatz – ein Elefant beim Holztransport

Kandy), Henaratgoda (bei Colombo), Hakgala (bei Nuwara Eliya) und im Brief Garden (bei Bentota) werden die Freunde tropischer Flora begeistern.

Wer Tiere in freier Wildbahn beobachten möchte, darf nicht die Safarivorstellungen von Ostafrika mitbringen. Zur Zeit sind die Nationalparks Bundala, Uda Walawe und Yala West geöffnet. Im letzteren wird man sicher Elefanten und wilde Büffel sehen, mit Glück auch Leoparden. Die Vogelwelt ist besonders vielfältig – zwei Dutzend unter den 400 Arten gibt es nur auf Sri Lanka. Die bunte Unterwasserwelt an den Riffen lässt Schnorchler, Taucher und die Beobachter in den Glasbodenbooten staunen. Ein Wort an alle, die sich vor Schlangen fürchten: Es gibt viele auf Sri Lanka, darunter auch giftige Exemplare – aber sie haben mehr Angst vor den Menschen als umgekehrt. Die Chancen, im Urlaub Schlangen zu sehen, sind äußerst gering.

Ein reich ornamentierter Tempelturm (Gopuram) eines Hinduschreins in Kandy

Geckos

Keine Angst vor diesen kleinen Echsen, die an vielen Wänden, vor allem in Rasthäusern oder Privatunterkünften, zu kleben scheinen und ihren Namen »rufen«. Sie fangen Moskitos und andere lästige Insekten.

Hinduismus

Das ist die Religion der tamilischen Minderheit. Sie hat keinen Stifter, keinen Propheten, keine Organisation, die auch nur entfernt an »Kirche« erinnert. Hindu kann man nur durch den Zufall der Geburt sein, man kann also nicht konvertieren. Dem *Dharma,* dem Weltengesetz, liegt das Prinzip vom ewigen Kreislauf aus Schöpfung und Zerstörung zugrunde. *Karma* heißt die Summe aller Taten im Leben eines jeden Einzelnen. Vereinfacht gesagt: Gute Taten sichern gute Plätze bei der Wiedergeburt, Verfehlungen können die Seele in eine »niedrigere« Hülle wandern lassen, das heißt in einen Menschen niedrigerer Kaste, aber auch in einen Tierkörper oder eine Pflanze. Die kaum zählbaren Götter, die zum Hinduismus gehören, lassen sich stets einer der drei Gottheiten Brahma (Schöpfer), Vishnu (Bewahrer) und Shiva (Zerstörer) zuordnen. Die meisten Hindutempel in Sri Lanka sind Shiva oder seiner Familie geweiht. Dazu gehören seine Frau Parvati, der elefantenköpfige Sohn Ganesha (besonders beliebt) und der Kriegsgott Skanda.

Kokos
Keine andere Pflanze ist dem Menschen mehr von Nutzen: Aus dem Stamm und den Blättern dieser Palme kann er sich ein Haus bauen; das Wasser der Nuss ist eine bekömmliche Erfrischung, ihre harte Schale gibt gutes Brennmaterial. Aus ihr lassen sich auch Becher, Löffel und anderes Haushaltsgerät schnitzen. Milch und Fleisch der Kokosnuss werden in der Küche gebraucht. *Kopra* (getrocknete und zerschnittene Kokosnuss) ist Rohstoff für Öl, Seife, Margarine usw. Aus der Faser der äußeren Nusshülle lassen sich Stricke, Matten, Bürsten und Kleidung herstellen. Die Blattstiele sind gut geeignet für Zäune, Körbe und Besen. Aus dem Palmsaft wird Palmmost *(Toddy)*, Palmessig und Palmschnaps *(Arrak)* gewonnen.

Kolonialhotels
Wer den leicht angestaubten Charme der Vergangenheit liebt (und sich durch einen zuweilen schleppenden Service nicht aus der Ruhe bringen lässt), wird sich in diesen lebendigen Relikten aus der britischen Zeit wohl fühlen. Die Zimmer sind meistens von einer Größe, wie man sie in modernen Häusern nicht mehr kennt, dazu drehen sich Ventilatoren an der Decke. Manche Nobelherbergen haben gepflegtes Mobiliar aus Tropenhölzern, hübsche Gärten und/oder stilvolle Veranden. Nirgendwo östlich von Suez gibt es so viele Kolonialhotels in relativ enger Nachbarschaft: in und bei Colombo das *Galle Face,* das *Grand Oriental* und das legendäre *Mount Lavinia;* in Galle das *Closenberg* und das *New Oriental;* in Kandy das *Queens,* in Nuwara Eliya das *Grand Hotel,* den *Hill Club* und das *St. Andrew's.*

Masken
Drei Grundtypen sind zu unterscheiden: Masken zur Austreibung böser Krankheitsgeister *(Sanni)* werden mit den Köpfen von Dämonen dargestellt. Menschenmasken *(Kolam)* zeigen Berufe und Persönlichkeiten für Tanzspiele, wie zum Beispiel Könige, Krieger, Trommler, Kaufleute. Masken zur Vertreibung der Dämonen *(Thovil)* haben oft Tierköpfe. Zentrum der traditionellen Maskenschnitzer ist der Küstenort Ambalangoda im Südwesten.

Muslime
Diese Minderheit – früher *Moors* genannt – wächst schneller als alle anderen Bevölkerungsgruppen. Knapp acht Prozent der ca. 18 Millionen Einwohner folgen der grünen Fahne des Propheten. In einigen Regionen an der Ostküste stellen sie ein Drittel der Bevölkerung. Die meisten Muslime in Sri Lanka sprechen Tamilisch. Im Handel, besonders mit Juwelen, sind die Muslime stark vertreten.

Pali
Diese altindische Sprache, in der die so genannten kanonischen Texte des Buddhismus geschrieben sind (in Sri Lanka in singhalesischer Schrift), spielt ungefähr die Rolle, die das Lateinische im Katholizismus innehat.

Perahera
Ein singhalesischer Begriff für einen großen religiösen Umzug. Die farbenprächtigsten Prozes-

sionen finden zu den Poya-Tagen (Vollmond) im Januar (in Kelaniya bei Colombo), im Februar (in Colombo-City) und im Juli/August (in Kandy) statt. Letzterer ist der berühmteste Umzug.

Reis

Auf mehr als einem Drittel der landwirtschaftlich genutzten Fläche wird Reis angebaut. Reisfelder und Reisterrassen prägen in weiten Teilen das Gesicht der Landschaft. Die Höhengrenze für das »Brot Asiens« liegt bei 1200 m. Auf den meisten Feldern werden zwei, auf einigen sogar drei Ernten pro Jahr eingebracht.

Resthouses

Wie die Kolonialhotels sind sie ein Relikt aus der britischen Kolonialzeit: Es handelt sich um einfache, meistens staatliche Unterkünfte mit nur wenigen Zimmern, oft herrlich gelegen, mit sehr persönlichem (also eben nicht perfektem) Service. Besonders schöne Häuser stehen in *Pusselawa* (zwischen Kandy und Nuwara Eliya), *Tissawewa* (im heiligen Bezirk von Anuradhapura), *Polonnaruwa* (am See) und *Ella* (im Hochland).

Singhalesen

Etwas über 70 Prozent der rund 18 Millionen Einwohner Sri Lankas gehören dieser Bevölkerungsgruppe an. Sie, die eine indoarische Sprache und Schrift benutzen und ihre Herkunft auf den legendären Prinzen Vijaya und seine »Löwensöhne« zurückführen (*Sinha* oder *Singha* heißt Löwe), verstehen sich als das Staatsvolk auf der Insel. Bis auf einige christliche Gruppen (besonders unter den Fischern bei Negombo) sind die Singhalesen Buddhisten. Die Religion prägt ihren Alltag und den Jahresrhythmus.

Tamilen

Dieser zweitgrößte Bevölkerungsteil (ca. 17 Prozent) stammt ursprünglich aus Südindien. Ihre Sprache gehört zur drawidischen Familie, ist nicht mit dem Singhalesischen verwandt. Zwei große Gruppen mit sehr unterschiedlicher Geschichte leben auf der Insel: Im Norden die so genannten *Ceylon Tamils* (auch Jaffna-Tamilen genannt; über 1,5 Millionen). Sie sind fast so lange in die Inselgeschichte verwickelt wie die Singhalesen. Im Bergland sind etwas über eine Million *Indian Tamils* ansässig. Ihre Vorfahren, größtenteils Angehörige niedriger Kasten, waren im 19. Jahrhundert von den Briten als willige und billige Plantagenarbeiter angeworben worden. Zwischen den beiden Gruppen gibt es wenig Kontakte. Über 80 Prozent der Tamilen sind Hindus, der Anteil der Christen liegt bei fast 20 Prozent.

Tee

Seit gut hundert Jahren bilden die Begriffe Ceylon und Tee eine Einheit. Einige der besten Teesorten der Welt kommen aus dem Hochland zwischen Nuwara Eliya und Uva. Tee ist das wichtigste Exportgut der Insel. Die Besichtigung der Plantagen und Teefabriken lohnt sich ebenso wie der Kauf von Tee in den Probierstuben. Die guten Sorten (vor allem Broken Orange Pekoe) enthalten viel »Fleisch« vom Teeblatt, sie sind makellos schwarz. *Dust-* (also Staub-)Sor-

Nach harter Arbeit: Der von niedrigen Büschen gepflückte Tee wird gewogen

ten werden vor allem für Teebeutel verarbeitet. Selten sind silbrige *Tip*-Sorten, für die nur junge Triebe mit hohem Blütenanteil *(Buds)* verwendet werden. Die Lebens- und Arbeitsbedingungen der tamilischen Plantagenarbeiter haben sich zwar in den letzten Jahren verbessert, sind aber noch immer deutlich schlechter als in der übrigen Bevölkerung mit niedrigen Löhnen, geringen Sozialleistungen und einer fast dreifach höheren Analphabetenrate.

Toddy

So heißt der Blütensaft der Kokospalmen, aus dem *Arrak,* der scharfe Kokosschnaps, gebrannt wird. In milder, vergorener Form wird Toddy als Palmmost getrunken. Ein spektakulärer Anblick sind die *Toddy-Tapper,* die Zapfer, die – vor allem an der Südwestküste, zwischen Bentota und Kalutara – auf schwankenden Seilen von einer Palme zur nächsten turnen, um Kokosnussblüten anzuzapfen. Sie binden die Blütenknospen zu und hindern die Knospen somit am Blühen. Schließlich schneiden sie die Spitzen ab und fangen die Säfte in einem Topf auf.

Verständigung

Natürlich sprechen die großen Volksgruppen ihre eigenen Sprachen: die Singhalesen Singhalesisch, die Tamilen Tamilisch. Aber die englische Sprache ist nach wie vor die *lingua franca* auf der Insel. Die wichtigsten Zeitungen erscheinen auf Englisch, die Oberschicht unterhält sich gern in der Sprache der einstigen Kolonialherren, und im Tourismus wird vor allem Englisch gesprochen. Gelegentlich belegen Kellner auch Deutschkurse, oder sie versuchen, von den deutschen

Gästen, die die Mehrheit der ausländischen Besucher stellen, Sprachkenntnisse mitzubekommen. Wer ein paar Worte auf Singhalesisch sagen kann, wird ein strahlendes Lächeln ernten. Das wichtigste Wort heißt *Esthuti* (danke); der Gruß, der zu jeder Tageszeit gilt: *Ayubowan.*

Weddas

Von der legendären Urbevölkerung sind nur wenige Familien im südöstlichen Bergland übrig geblieben. Zahlenangaben schwanken zwischen 20 und 200. Ihr Name bedeutet »Jäger«. Ihre Lebensweise ist keineswegs mehr »steinzeitlich«, wie manche Bücher und Reiseleiter gern behaupten. So ist selbst TV-Anschluss für viele heute schon selbstverständlich.

Wirtschaft

Sri Lanka gehört zur Gruppe der rohstoffarmen Länder in der Dritten Welt. Von ihren einstigen Kolonialherren hat die Insel vor allem die Plantagenwirtschaft geerbt. Die Preise für die Produkte dieser Landwirtschaft sind äußerst schwankend. Meistens werden sie von den Abnehmerländern auf der nördlichen Halbkugel bestimmt. Wichtigster Exportartikel ist Tee: Sri Lanka ist nach Indien der zweitgrößte Teelieferant der Welt. Weitere wichtige Ausfuhrgüter sind Kautschuk (Rohgummi) und Kokosprodukte.

Die großen Pläne, aus der Freihandelszone in der Nähe des Colombo-Flughafens Katunayake einen Standort für Textil-, Elektronik- und andere »saubere« Industriebetriebe nach dem Vorbild von Singapur zu machen, sind bislang nur im Ansatz verwirklicht worden. Immerhin hat die Privatisierung von Landwirtschaft und Industrie zuletzt zu einem Wirtschaftswachstum von 4,7 Prozent geführt, das angesichts der anhaltend hohen Ausgaben für innere Sicherheit überraschend ist. Die Zahlungsbilanz ist allerdings chronisch defizitär, allein der Schuldendienst lag 1998 bei 13,4 Prozent des Bruttoinlandsprodukts.

Zurzeit bereiten dem Land – das noch lange auf internationale Entwicklungs- und andere Hilfsgelder angewiesen sein wird – die steigenden Energiepreise große Sorgen. Sri Lanka hat kein eigenes Öl. Das Benzin ist fast so teuer wie bei uns, die Löhne aber erreichen nicht einmal ein Zehntel des hiesigen Niveaus – das jährliche Durchschnittseinkommen lag 1998 bei 837 Dollar.

Tee – hier bei der Verladung – ist Sri Lankas wichtigster Exportartikel

Kokos, Curry und vieles mehr

Manche mögen's scharf, andere freuen sich besonders auf die frischen Meeresfrüchte in den Küstenrestaurants

Die traditionelle ceylonesische Küche kann es an Vielfalt und Raffinesse weder mit der benachbarten indischen noch mit der thailändischen Küche aufnehmen. Auch mit den diversen Spielarten der chinesischen Kochkunst ist sie weder verwandt noch zu vergleichen. Dennoch sind Reis- und Curry-Gerichte – die Grundlagen jeglichen einheimischen Essens – sehr wohlschmeckend, äußerst bekömmlich, unglaublich preiswert und manchmal auch ein Fest fürs Auge. Auch Halb- und Vollpensionsurlauber sollten deshalb zwischendurch auf die westlich orientierten Büfetts oder die zuweilen recht faden Fleisch- und Fischgerichte in ihren Strandhotels verzichten. Freuen Sie sich statt dessen auf ein lokales Curry-Erlebnis.

Erste Erfahrung: *Curry* hat nichts mit dem Instantgewürz zu tun, das bei uns unter diesem Namen verkauft wird. Der Begriff hat in Sri Lanka zweifache Bedeutung. Zum einen meint *Curry* eine höchst individuelle Mischung zum Teil gerösteter und anschließend gemahlener Gewürze. Jede Hausfrau, jeder Koch hütet das Geheimnis ihres bzw. seines speziellen Rezepts, das es so gut wie nie schriftlich gibt, weil nach Gefühl gemischt wird – die jeweiligen Mengen werden über den Daumen und nicht nach Messbechern austariert.

Zum anderen bezeichnet *Curry* zusammen mit der Hauptzutat den Namen des jeweiligen Gerichts. Man hat beispielsweise die Wahl zwischen einem Gemüse-Curry, einem Beef- (Rindfleisch-) Curry, einem Chicken- (Hühnchen-) Curry oder – seltener – einem Pork- (Schweinefleisch-) Curry. Vor allem auf dem Lande werden in der Umgangssprache auch Farben benutzt, um die unterschiedlichen Currygerichte zu bezeichnen. So ist ein »weißes Curry« ein Essen, das auf Kokosmilch basiert – mild und fast so flüssig wie eine Suppe. »Rote Curries« enthalten große Mengen Chili (bei uns auch als Cayennepfeffer bekannt). »Schwarze Curries« sind die häufigsten. Sie enthalten dunkel-

Stolz zeigen Männer ihren Fang – eine prächtige, bunt schillernde Languste

braun gerösteten Koriander, Kreuzkümmel (*Cummin*) und Fenchel. Erst das Rösten »kitzelt« das Aroma der Kräuter so richtig heraus.

Zu diesen drei Basisgewürzen kommen – je nach Gericht und Meinung der Köchin – unter anderem Zimt, Nelken, Kardamom und Muskat hinzu. Die Curries werden in vielerlei Schälchen gleichzeitig aufgetragen. Lauwarme Gerichte sind durchaus üblich, Klagen darüber stoßen auf Unverständnis. Man nimmt sich Reis und mischt diesen dann mit den Beilagen: mit Linsen, Auberginen, Gurken, Brotfrucht, ferner Fleisch und/oder Fisch und Seafood (Meeresfrüchte wie Garnelen und Krabben). Dazu wird stets *Pappadam* gereicht, ein knuspriges, flaches Brot aus Linsenteig, das an Kartoffelchips erinnert. Auch *Chutneys,* marmeladenähnliche Zutaten, stehen immer auf dem Tisch. Sie dienen sowohl der zusätzlichen Würze als auch – wenn es süße Chutneys sind – ihrer Entschärfung. Den gleichen Zweck, nämlich den Gaumen zu kühlen, haben die feinen Kokosraspeln, die ebenfalls stets zu einem Currytisch gehören.

Den Abschluss bilden Kostproben der tropischen Früchte des Landes: allen voran Papaya, dann wohlschmeckende kleine Bananen, oft auch Mango und Mangostane (in den Sommermonaten) und Ananas. Weitere beliebte Desserts sind *Wattalapam* – eine Art Pudding mit Karamellgeschmack – sowie Fruit Cakes und Cookies, die an die englische Kolonialzeit erinnern. Aus Indien stammen die orangefarbenen Honigkringel *Panivala,* die Sesambällchen *Thalaguli* oder die in Zuckersirup schwimmenden Milchteigkügelchen *Rasagullas.*

Wer auf eigene Faust unterwegs ist und in Resthouses übernachtet, sollte unbedingt mal ceylonesisch frühstücken. Eine nahrhafte morgendliche Besonderheit sind *Hoppers* – hohle, halbkugelförmige Pfannkuchen aus Reismehl, Kokosmilch und Kokosflocken. Bei den beliebten *Stringhoppers* ist der Teig in dünne Fäden gezogen. Bei *Egghoppers* werden zwei Eier über dem Pfannkuchen gebraten. Dazu wird *Curd* (Büffeljoghurt) mit Palmhonig *(Kitul)* gereicht. Auch *Chili-Sambols* – Würzsaucen aus getrockneten Garnelen oder Fischen, mit Chilipulver, Zwiebeln und Öl angemacht – gehören zu einem Frühstück nach Landessitte.

Die meisten Urlauber gelüstet es nach frischen Fischen und

Erstaunlicher Reichtum, unerschöpflicher Überfluss

»Wahrhaftig, dieses Ceylon besitzt einen Reichtum, der erstaunlich und in dieser Vielfältigkeit nicht wieder so leicht auf unserer Erde zu finden ist. Tiere und Pflanzen, Erde und Meer geben gewissermaßen mit vollen Händen. Und der Überfluss scheint unerschöpflich zu sein, denn obgleich man seit Jahrtausenden diesen natürlichen Tresor plündert – immer wieder erneuert sich das Geraubte …«
(Annie Francé in »Ceylon, die Insel der Götter«, 1930)

Ein Berg Chilis auf dem Gewürzmarkt von Negombo

Meeresfrüchten. Sie werden bestens bedient. Kein Ort in Sri Lanka ist weiter als 130 km vom Meer entfernt. Somit steht auch in den Hotels des Hochlandes oft Fisch oder *Seafood* auf der Karte. Am meisten Spaß macht es aber, gegrillte Riesengarnelen (*Jumbo Prawns*), leckeren *Seerfish* (anderswo als Spanische Makrele bekannt), ein Curry aus gebratenem Tintenfisch oder Hummer mit Knoblauchsauce in einem Strandlokal zu essen, die Füße im Sand, über sich die Palmen und den tropischen Sternenhimmel.

Besonders bekömmlich (und billig) ist der Saft der Königskokosnuss *(Thambili)*. Er wird fast überall auf der Insel am Straßenrand für höchstens fünfzig Pfennig angeboten. Dieser Durstlöscher soll sich segensreich auf den Verdauungsapparat auswirken. Das einheimische, leichte Bier (Three Coins, Royal Pilsner oder Lions Lager) ist ordentlich, der stets verfügbare Tee (meistens mit Milch serviert) so gut wie nirgendwo sonst auf der Welt.

Der einheimische Palmmost – *Toddy* – ist das Feierabendgetränk der kleinen Leute. Er wird meistens privat oder in speziellen Toddykneipen – oft nur Bretterbuden – und sehr selten in Restaurants ausgeschenkt. Sein Geschmack ist nicht jedermanns Sache. Der ebenfalls aus dem Palmblütensaft gewonnene *Arrak* (auch *Arrack*) hat sich hingegen zu einem beliebten Drink der Urlauber entwickelt. Er erinnert an spanische oder griechische Brandys und wird gern mit Cola oder Limonade gemischt. Lokale Whiskys sowie Gin- und Rumsorten sind erheblich billiger als die entsprechenden Importgetränke.

Einheimische Spezialitätenlokale sind selten, von den vielen Strandrestaurants mal abgesehen, die ja vor allem ausgezeichnete Fischgerichte und Meeresfrüchte anbieten – freilich meistens ohne ceylonesische Besonderheiten. Wer gute Curries ausprobieren möchte, hat dazu – außer in einigen Lokalen in Colombo, die im Anschluss an die Stadtbeschreibung genannt werden – in den kleinen privaten und staatlichen *Resthouses* Gelegenheit. Bewährte Curry-Adressen sind die Resthouses von Pusselawa, Sigiriya, Habarana, Ambalangoda und Ella.

Batik und Balsam, Masken und Muskat

Gewürze, buntbedruckte Stoffe, Heilkräuter und Holzelefanten. Vorsicht bei Rubinen und Saphiren!

Die Insel, der so oft die Nähe zum Paradies nachgesagt wird, mag für verwöhnte Thailand- oder gar Hongkong-Shopper nicht unbedingt der Garten Eden sein. Weder werden massenweise Fälschungen berühmter Markenprodukte angeboten, noch lassen sich Schnäppchen auf dem Elektronikmarkt machen. Dafür aber lebt an diesem Urlaubsziel die Tradition vielfältigen Kunsthandwerks. Es ist also verhältnismäßig leicht, den Koffer mit zahlreichen netten Kleinigkeiten für die Daheimgebliebenen zu füllen, mit Dingen, die nicht viel kosten, aber durchaus etwas mit dem Land und seinen Leuten zu tun haben.

Neben Batikstoffen und Korbwaren, Schnitzereien und geklöppelten Spitzendecken, neben Keramik- und Messingprodukten gehören Proben aus den Gewürzgärten und Teeplantagen zu den ebenso beliebten wie typischen Mitbringseln. Aber weil man ja gehört und gelesen hat, dass Sri Lanka – »das strahlend schöne Land« – schon seit alten Zeiten einen Ruf als Juweleninsel hat, wird man sich auch auf die Versuchungen einstellen müssen, die von den Angeboten der Edelsteinhändler ausgehen.

Kunsthandwerkszentren (*Arts and Craft Centres*) sowie die staatlichen Laksala-Läden bieten einen guten Überblick über das Angebot an Schnitzereien, Kokosfaser- und Keramikwaren, Lackdosen, Aschenbechern und Tabletts sowie diversen Textilprodukten (Batikstoffe, Web- und Spitzendecken, Wandschmuck). Hier können Sie – beispielsweise in der Colombo-Filiale – auch das beliebte srilankische Billardspiel Carambol erstehen. Diese Läden haben feste Preise und Öffnungszeiten. Die meisten Händler halten ihre Geschäfte bis spät in den Abend und auch am Sonntag geöffnet. Unregelmäßig sind allerdings nicht nur deren Öffnungszeiten: Wer im orientalischen Sri Lanka Souvenirs ersteht, wird nämlich wohl auch handeln müssen. Um ein Vielfaches überzogene Preise sind – gerade im touristischen Bereich – die Regel.

Dämonenmaske aus Ambalangoda, dem traditionsreichen Dorf der Maskenschnitzer

Bereits König Salomon, so geht die Legende, hat sich aus den Minen der Juweleninsel die schönsten Steine liefern lassen. Angeblich waren sie für die Königin von Saba bestimmt. Noch immer holen die *Digger* aus dem Schlamm von Ratnapura funkelnde Saphire, Rubine, Katzenaugen, Topase, Turmaline, Zirkone und andere Edel- und Halbedelsteine. Eine interessante – und seltene – Erweiterung zum lohnenden Besuch der Edelsteinminen um Ratnapura ist die Besichtigung der Mondstein-Gruben von Mitiyagoda bei Hikkaduwa. Am berühmtesten sind dennoch Sri Lankas Saphire, die schon Marco Polo rühmte. Während im Westen kornblumenblaue Ware besonders gut ankommt, gilt die rosafarbene Variante des Padmaraga-Saphir als teuerste Qualität. Laien können dabei freilich leicht betrogen werden: Die Farbe kann schlecht verteilt oder der Glanz gebrochen sein. Einschlüsse von Gaspartikelchen sowie feine Risse mindern die Qualität. Doch gerade daran lassen sich andererseits echte Steine von den billigen synthetischen Saphiren unterscheiden.

Wer keine Fachkenntnis mitbringt, findet bei der staatlichen *Gem Corporation* seriöse Beratung und faire Preise. Dort kann man auch woanders gekaufte Steine untersuchen (aber nicht schätzen) lassen (Adresse im Kapitel »Colombo«). Die Händler in den Hotelshops liefern ordentliche Qualität, versuchen aber bei Unerfahrenen sehr hohe Preise herauszuholen. Da die Handelsspanne beim seriösen »Gem Business« zwischen einem Drittel und 50 Prozent liegt, lässt sich normalerweise höchstens ein Fünftel des Ausgangspreises herunterhandeln. Bei unerwartet »erfolgreichem« Feilschen ist besser Misstrauen angezeigt. Schliff, Fassungen oder gar Gold- und Silberschmiedearbeiten halten höheren Ansprüchen selten stand. Besser also: Steine bei einer seriösen Quelle kaufen und zu Hause fassen lassen. Wer trotzdem Gold und fertig verarbeitete Schmuckstücke erstehen möchte, findet dazu in Colombos Sea Street (im Pettah-Basar) die mit Abstand größte Auswahl vor. Der dort angebotene Goldschmuck besticht durch einen tiefgelben bis rötlichen Farbglanz – er ist traditionellerweise in 22 Karat verarbeitet.

Bunte Batikstoffe sind besonders typisch für die Insel. Jeder Hotelshop bietet Tücher, Wandschmuck, Hemden, Blusen oder Pareos in dieser Technik an. Spannender ist der Kauf in einer *Batik Factory,* wie sie zahlreich an der A 1 zwischen Colombo und Kandy anzutreffen sind. Dort werden der kreative Prozess (das Malen des Musters) und der technische (Färben, Wachsen, Kochen, Trocknen) demonstriert. Wer will, kann sich eigene Muster anfertigen lassen. Könner kombinieren dazu bis zu sieben verschiedene Farben und erzielen durch Wringen, Abbinden, Drehen etc. diverse Knitteroptiken. Aus der portugiesischen Zeit stammt die Tradition des Klöppelns, die in Galle und Umgebung überlebt hat. Dort können Sie hübsche Spitzen (engl.: *lace*) erstehen.

Geschnitzte Elefanten in allen Größen und Farben finden nach wie vor ihre Abnehmer. Etwas sperrig, aber hübsch sind auch Minikatamarane, wie sie in vielen Souvenirläden angeboten werden. Keine andere Holzschnitzarbeit jedoch ist so symbolhaft mit Sri Lanka verbunden wie die Masken. Am größten ist das Angebot in Ambalangoda, dem Zentrum der traditionellen Maskenschnitzer an der Südwestküste. Am populärsten – und spektakulärsten – sind darunter wohl die Dämonenmasken für den schamanistischen Teufelstanz *(Sanni Yakuma)*, etwa der orangefarbene Vogeldämon Gurula Raksa. Für die besseren – und teureren – Masken werden ausschließlich Naturfarben verwendet. Das gilt in ganz besonderer Hinsicht übrigens auch für eine weitere srilankische Besonderheit: Arbeiten aus natürlichem Lack (Schellack), der von der Lackschildlaus gewonnen wird, haben vor allem im Raum Kandy eine besondere Tradition. Der gekochte und eingefärbte harzige Schellack wird in den dortigen Kunsthandwerkerdörfern (z. B. im Kalapuraya Craft Village oder in den benachbarten Dörfchen Hapivila, Laggala und Ukuwela) mit den Fingernägeln in langen gelben, roten, schwarzen oder orangefarbenen Fäden auf Holzarbeiten oder filigrane Bambusgeflechte aufgezogen. Apropos Geflechte: Matten aus verflochtenem Hanf mit bunten Zierbändern sowie andere Korb- und Flechtwaren (u. a. auch Kleinmöbel aus Rattan) finden sich bereits während der Anreise nach Kandy, nämlich im an der A1 gelegenen Straßendorf Warakapola. Ungewöhnlich ist auch das ebenfalls nahe Kandy gelegene Handwerkerdörfchen Kalapura: Rund 70 Familienbetriebe erzeugen hier die traditionellen Motive Bo-Blatt, Schwan oder Pfau in Messing oder Silber.

Nützliche Mitbringsel, die zu Hause im wahrsten Sinne des Wortes einen Hauch der Tropeninsel verbreiten, sind Gewürze und Tee. Besser als die eingeschweißten Miniproben von zehn oder zwölf Gewürzen, die in langen Streifen überall angeboten werden (und oftmals schon monatelang in den Shops liegen), sind frische, einzeln verpackte Proben von Muskatnuss, Zimtpulver, Kardamom oder anderen *spices.* Sie werden in den Gewürzgärten nördlich von Kandy, rund um Matale, verkauft. Dort gibt es auch Medizin, Seifen, Sonnenöl, Badezusatz und die ceylonesische Form des Tigerbalsams – alles auf der natürlichen Basis jener Heilkräuter, die dort wachsen und deren Wirkung seit alten Zeiten bekannt ist. Tee kaufen Sie am besten und billigsten bei der Besichtigung einer der Fabriken im Hochland.

Ganze Basarviertel sind in Unawatuna, Hikkaduwa, Bentota-Beruwala und in Negombo aus dem Boden gewachsen: Budenreihen mit T-Shirts, Blusen und Röcken aus Batikstoffen, mit Ledertaschen und Rucksäcken aus der Haut des Wasserbüffels. Ein zunehmend beliebter gewordenes Mitbringsel ist an solchen Plätzen aber auch Holzspielzeug, wie etwa farbenfroh bemalte, gesägte Puzzlespiele. Wer es hingegen auf Keramik abgesehen hat, sollte nach Kelaniya oder Weligama fahren. Hier finden sich charakteristische Stile, u. a. Krüge in verschiedenfarbigem Ton.

Alles richtet sich nach dem Mond

Höhepunkte in Kandy und Kataragama: leuchtende Elefanten und seltsame Heilige

Die Vielzahl der Volksgruppen mit unterschiedlicher Religion (Buddhisten, Hindus, Moslems und Christen) macht Sri Lanka zu einer Insel häufiger und farbenprächtiger Rituale, Prozessionen, Zeremonien. Neben den Sonntagen ist der Vollmondtag eines jeden Monats (*Poya* genannt) ein arbeitsfreier Tag. An Poya haben alle Vergnügungsstätten (nicht aber Touristenläden wie Batik- oder Juwelenshops) geschlossen. Alkohol darf an diesem Tag nicht ausgeschenkt werden (in Hotels nur auf dem Zimmer).

Nicht nur die normale Poya, sondern auch die meisten wichtigen Feste richten sich nach dem Mondkalender (und teilweise astrologischen Berechnungen). Deshalb variieren sie von Jahr zu Jahr gegenüber dem Gregorianischen Kalender. Eine informative Broschüre für die aktuellen Daten ist der jährlich vom Tourist Board herausgegebene »Calendar of Events«.

Bei der Esala-Perahera in Kandy spielen die Elefanten eine glänzende Rolle

RELIGIÖSE FEIERTAGE UND FESTE

An mindestens sechs Vollmondtagen im Jahr finden große Umzüge (*Peraheras*) oder andere herausragende Feierlichkeiten statt:

Januar-Vollmond: ★ *Duruthu-Perahera* in Kelaniya (am nördlichen Stadtrand von Colombo). Dieser nächtliche Umzug mit vielen geschmückten Elefanten, mit Tanzgruppen und religiösen Würdenträgern erinnert an den »Besuch« Buddhas auf der Insel Lanka – eine Legende, die 2500 Jahre alt ist.

Februar-Vollmond: *Navam Maha-Perahera* in Colombo. Diese Prozession hat noch keine lange Tradition. Erst seit Ende der Siebzigerjahre des 20. Jhs. ziehen alljährlich etwa 160 herausgeputzte Elefanten und einige Tausend Tänzer, Mönche und Gaukler um den Beira-See im Zentrum der Hauptstadt.

Mai-Vollmond: *Wesak-Fest.* Zwei Tage bzw. Nächte lang werden dabei Buddhas Geburt, Erleuchtung und Tod gefeiert. Alle Ereignisse fanden an Vollmondtagen statt – einer der Gründe, warum den Buddhisten jeder Vollmondtag heilig ist. Besonders

MARCO POLO TIPPS FÜR FESTE

1 Duruthu-Perahera
Große Prozession im Colombo-Vorort Kelaniya (Seite 29)

2 Poson-Fest
Buddhistische Zeremonie in Anuradhapura und Mihintale (Seite 30)

3 Esala-Perahera
Prozession mit vielen Elefanten in Kandy. Größtes Fest der Insel (Seite 30)

4 Kataragama-Fest
Spektakuläres Hindufest zum Juli-Vollmond (Seite 31)

fröhlich geht es an Wesak in Colombo zu. Doch der höchste buddhistische Feiertag wird natürlich auch in Sri Lankas Dörfern gebührend gefeiert. Die Häuser werden dann geschmückt und Laternen und Bilder mit Buddhaszenen aufgestellt. Laienschauspieler haben dann ihren großen Auftritt: Sie erinnern mit nachgestellten Szenen aus dem Leben des Buddha und Jakata-Fabeln an die Lehre des Erleuchteten.

Juni-Vollmond: ★ *Poson.* Dieses Fest erinnert an die Ankunft Mahindas (um 250 v. Chr.) und mit ihm des Buddhismus auf der Insel. Es wird am eindrucksvollsten in Mihintale (wo das geschichtlich verbürgte Ereignis stattfand) gefeiert.

Juli-Vollmond: ★ *Esala-Perahera* in Kandy. Eines der größten religiösen Feste der Welt. An zehn Tagen bzw. Nächten ziehen illuminierte Elefanten vom Tempel des Zahns aus durch die alte Königsstadt. Wann der Höhepunkt stattfindet, bestimmen die Astrologen.

Dezember-Vollmond: *Sanghamitta-Perahera.* Umzug zu Ehren des heiligen Bodhi-Baumes in Anuradhapura.

FESTIVALS UND LOKALE VERANSTALTUNGEN

Thai-Pongal

Das Hindufest am Januar-Vollmond zu Ehren eines Sonnengottes wird besonders in den Tamilen-Regionen des Nordens, Ostens und im Bergland gefeiert. Es wird aber auch als eine Art Erntedankfest in allen Landesteilen begangen.

Wallfahrt zum Adam's Peak

Die Saison beginnt mit dem Dezember-Vollmond und endet mit dem Mai-Vollmond. Wer sich zutraut, einige Tausend Stufen zu erklimmen, sollte gegen zwei Uhr nachts aufbrechen, um mit den Gläubigen der verschiedenen Religionen (Buddhisten, Hindus, Christen) zum Sonnenaufgang auf dem heiligen Gipfel anzukommen.

Id-Ul-Fitr (Ramadan Festival)

Das »Fest des Fastenbrechens« markiert das Ende des Fastenmonats Ramadan. In der ältesten Moschee Sri Lankas, der Kachchimalai-Moschee in Beruwala, wird das größte Fest der Muslime von besonders vielen Menschen gefeiert.

Maha Shivarati

In der Neumondnacht Ende Februar, Anfang März feiern die Hindus ihr bedeutendstes Fest, die symbolische Vereinigung Shivas mit seiner Gemahlin Parvati. Besonders eindrucksvoll im Tempel Muthumariman in Matale.

Ostern

Am schönsten begehen Sri Lankas Christen den Karfreitag und die Osterfeiertage in Negombo. Dann werden auf der benachbarten Insel Duwa farbenprächtige Osterprozessionen und Passionsspiele durchgeführt.

Neujahr

Das singhalesische und tamilische Neujahr fällt üblicherweise auf Mitte April und steht im Zeichen der versöhnlichen Gesten. Alle offenen Feuer werden dann gelöscht, die Häuser der rituellen Reinigung unterzogen. Mit Spenden – meist traditionell in Betelblätter eingerollten Geldopfern – sollen auch die Sünden des vergangenen Jahres getilgt werden.

Kataragama-Fest

★ Zum Juli-Vollmond strömen jedes Jahr zigtausende in den kleinen Ort Kataragama nördlich von Hambantota. Es sind vor allem Hindu-Pilger, die rund um ihren Tempel dem Kriegsgott Skanda huldigen.

Saddhus, hinduistische Asketen, kasteien sich, lassen sich an Haken aufhängen und laufen in Trance über glühende Kohlen.

Weitere Feierlichkeiten und Zeremonien zum Esala-Vollmond finden rund um Dondras Vishnu-Tempel (im äußersten Süden der Insel) und in Colombos Vorort Bellanwila (beim dort gelegenen Raja-Maha-Vihara-Tempel) statt sowie am Westküsten-Ort Munneswaram bei Chilaw (Höhepunkt: Feuerlaufen).

Vel-Fest

Colombos wichtigstes Hindufest wird im August begangen, es zählt zu den spektakulärsten des Landes. Dabei wird ein dekorierter, riesiger Tempelwagen mit den Waffen der Kriegsgottheit Skanda von der Sea Street durch den Basarbezirk Pettah bis in den südlichen Bezirk Bambalapitiya gezogen.

Diwali

Das stimmungsvolle und beschauliche Hindufest wird im Oktober oder November gefeiert. Als wichtigstes Familienfest – und mit seinem Geschenkefieber – erinnert es ein wenig an unser Weihnachten. Es symbolisiert den Sieg der Götter Vishnu und Krishna über die Finsternis. Tausende kleiner Öllämpchen werden angezündet und verwandeln dann die Hindutempel des Landes in ein Lichtermeer.

OFFIZIELLE FEIERTAGE

1. Januar: *Neujahr*
4. Februar: *Unabhängigkeitstag* zur Erinnerung an den 4. Februar 1948, an dem Ceylon nach jahrhundertelanger Kolonialherrschaft unabhängig wurde. Er wird vor allem in Colombo mit Paraden begangen.
14. April: *Neujahr* für Tamilen und Singhalesen
1. Mai: *Tag der Arbeit*
30. Juni: *Bankfeiertag*
25. Dezember: *Weihnachten*
31. Dezember: *Bankfeiertag*

MUSEUM

Erinnerungen an die Kolonialzeit

Die quirlige Hauptstadt und ihre Nachbarschaft. Tempel und Strände zwischen Puttalam und Mount Lavinia

Das größte städtische Ballungsgebiet des Landes, weiträumig an der Westküste zwischen der Lagune von Negombo und Colombos südlichen Vororten Mount Lavinia und Moratuwa gelegen, spiegelt Schönheit, Vielfalt und Probleme des Landes wider. Schon auf der Fahrt vom Flughafen Katunayake, der in der Nähe des Bade- und Fischerortes Negombo liegt, sieht der eben angekommene Urlauber die Üppigkeit der tropischen Vegetation, die Vielzahl der schlanken Palmen, die unterschiedlichen Farben der blühenden Frangipanibäume. Der Verkehr, der immer dichter und chaotischer wird, je mehr sich der Bus, das Taxi oder der Mietwagen der Millionenstadt Colombo nähert, wird ihm den Atem rauben: Abgasschwaden aus Zweitaktmotoren, aus uralten Dieselbussen und überladenen Lastwagen dringen bis in

Zeugen der Kolonialzeit, wie das prächtige Nationalmuseum, wecken allenthalben Erinnerungen

Hotel- und Restaurantpreise

Hotels
Kategorie 1: über 150 Mark
Kategorie 2: 70 bis 150 Mark
Kategorie 3: bis 70 Mark

Die Preise gelten pro Nacht für ein Doppelzimmer ohne Frühstück.

Restaurants
Kategorie 1: über 40 Mark
Kategorie 2: 20 bis 40 Mark
Kategorie 3: unter 20 Mark

Die Preise gelten für ein dreigängiges Menü ohne Getränke.

Wichtige Abkürzungen

A/C Aircondition
Av. Avenue
Maw. Mawatha (Singhal. für Straße)
Rd. Road (Engl. für Straße)
St. Street (Engl. für Straße)

die klimatisierten Reisebusse. Zwischen den vielen Autos, die zwar oft hupen, deren Fahrer aber dennoch eher nachsichtig miteinander umgehen, versuchen sich Ochsenkarren, Scharen von Radfahrern und Fußgänger zu behaupten. Straßensperren vor dem Flughafen, an Brücken und wichtigen Kreuzungen erinnern daran, dass dieser Staat angesichts möglichen Terrors auch außerhalb der Problemgebiete im Norden und Osten Wachsamkeit demonstrieren muss.

In der Nähe von Negombo wird der aufmerksame Besucher viele Kirchen sehen. In dieser Region lassen sich interessante Ausflüge auf den Spuren der holländischen Kolonisatoren unternehmen. Der Zimtkanal, die christlichen Friedhöfe in den Dünen und alte Herrenhäuser aus jener Zeit sind Ziele in diesem Zusammenhang. Aber auch buddhistische Wallfahrtsstätten von großer Bedeutung – an erster Stelle der Tempel von Kelaniya – liegen in unmittelbarer Nähe der Hauptstadt.

In bunter Folge fallen auf der weiteren Fahrt vom Flughafen ins Zentrum Moscheen auf, Hindutempel und selbstverständlich Buddhastatuen sowie kleine Dagobas, weiße Kuppeln über buddhistischen Heiligtümern. Sie werden lächelnde Menschen wahrnehmen, die mit Opferblüten und Früchten gemessenen Schrittes diesen Andachtsstätten zustreben.

Im Verkehrsdickicht von Colombo wird der Neuankömmling Zeit haben, erste Blicke auf die vielen gut erhaltenen Gebäude aus der britischen Kolonialzeit zu werfen, auf das Gewimmel der Lastenträger, Händler und Käufer in der Altstadt, auf die weiten Grünflächen

MARCO POLO TIPPS FÜR COLOMBO UND DIE WESTKÜSTE

1 Fortviertel/ Koloniales Colombo
Weiße koloniale Prachtbauten im Fortviertel und rund ums Nationalmuseum und Rathaus (Seite 37)

2 Galle Face Hotel
Das koloniale Hotel am Meeresboulevard und seine Terrasse sind seit über hundert Jahren Lieblingsziele nostalgisch gestimmter Reisender (Seite 41)

3 Dutch Period Museum
Relikt einer versunkenen Epoche – das Museum der holländischen Kolonialzeit in der Pettah (Altstadt) von Colombo (Seite 39)

4 Holländischer Kanal
Lebendiges Idyll aus alten Zeiten – der Zimtkanal bei Negombo (Seite 42)

5 Kelaniya-Tempel
Wallfahrtsort der Buddhisten, Schauplatz einer großen Perahera zum Januar-Vollmond (Seite 42)

und auf die von alten Bäumen gesäumten Alleen in den Villenvierteln. Die Aufmerksamkeit richtet sich dann auf Hochhäuser aus jüngster Zeit, auf noble Hotelpaläste aus einer vergangenen Epoche und schließlich auf das Blau des Indischen Ozeans. Meer und Strand reichen bis unmittelbar an die kosmopolitische Hafenstadt Colombo.

Die Westküste ist ein flacher Landstrich, gegliedert durch zahlreiche Gewässer, Flüsse wie den Kelani Ganga, der am nördlichen Stadtrand von Colombo in den Indischen Ozean mündet, Seen wie den Lake Bolgoda bei Moratuwa, etwa 20 km südlich des Zentrums gelegen (dort erholen sich viele Großstädter am Wochenende beim Wassersport), oder Lagunen wie die von Negombo. Vor allem morgens liegt an vielen Tagen Dunst über der feuchtheißen Küstenregion, vermischt mit dem Smog von Colombo. Wenn aber doch einmal der Blick auf das hügelige Hinterland frei ist, so lässt sich genau im Osten der Kegel eines vielfach heiligen Berges ausmachen: Das ist der Adam's Peak, die historische Landmarke der alten Indienfahrer auf ihrem Wege zur Juweleninsel.

COLOMBO

☛ **Stadtplan in der hinteren Umschlagklappe**

(122/A1) Rund 1,5 Millionen Menschen leben in Colombo und den Vororten, also fast jeder zehnte Einwohner von Sri Lanka. Die Stadt, in den Zeiten des britischen Weltreichs wichtiges Etappenziel auf dem Wege in den Fernen Osten, gehört noch immer zu den pulsierenden Zentren an den Küsten Asiens. Auf den ersten Blick erschließen sich ihre Reize allerdings nicht.

Ein Blick vom Hotel Hilton auf Colombo mit dem Fort und Slave Island

Der Vihara Maha Devi Park in Colombo hieß früher Victoria Park

Rundfahrten führen meistens zunächst durchs Fort, das alte »europäische« Geschäfts- und Verwaltungszentrum, durch die *Pettah,* wie das Basarviertel in allen großen Städten des Landes genannt wird, und vielleicht noch durch den feinen Stadtteil *Cinnamon Gardens,* wo in den einstigen Zimtgärten der Holländer Botschafter und wohlhabende Kaufleute residieren. Erst beim zweiten Blick stellt sich ein Gefühl für die großzügig angelegte, kosmopolitische Stadt ein, etwa beim Bummel durch die schmalen Nebenstraßen der Pettah, durch die sich kein Bus zwängen kann, beim Spaziergang durch die vielen Grünanlagen oder beim nostalgischen Betrachten der alten Büro- und Kaufhäuser aus der englischen Zeit.

Kleine Tempel, beispielsweise der *Ashoka Rama,* aber auch Parks wie der *Vihara Maha Devi* (früher Victoria Park) mit dem großen Buddha gegenüber vom Rathaus, sind Oasen der Beschaulichkeit in der heißen Millionenstadt. Colombo bietet keine weltbewegenden Sehenswürdigkeiten, wohl aber eine Vielzahl durchaus sehenswerter Bauten, die fast alle an die bewegte Vergangenheit der verschiedenen Kolonialmächte erinnern.

Die Portugiesen haben Colombo – der Name stammt vermutlich von *Kolamba,* dem singhalesischen Begriff für Hafen – zu Beginn des 16. Jhs. erstmalig befestigt. Wichtiger waren zu jener Zeit noch die Häfen von Galle und Jaffna. Erst um die Mitte des 17. Jhs., als die Holländer ihre Herrschaft über die Zimtgärten Ceylons ausbauten, begann Colombos Aufstieg. Nur wenige Gebäude und ein paar Kanonen, die noch immer ihre Rohre aufs Meer gerichtet haben, erinnern an die frühen Zeiten der Europäer. Nachhaltiger wurde das Bild der Stadt erst durch die Briten geprägt. Vom Ende des 18. Jhs. bis zum 4. Februar 1948, dem Tag der Unabhängigkeit, lenkten sie die Geschicke der Tropeninsel von Colombo aus.

Inzwischen wächst eine Skyline heran, die sich mehr und

mehr vor die alten Kolonialgebäude schiebt. Auch dem nostalgisch gestimmten Reisenden wird klar, dass dieses Land Anschluss an die Erfordernisse der Moderne suchen muss. Verkehrschaos und eine zunehmende Gesichtslosigkeit im Stadtbild scheinen leider der weltweite Einheitspreis dafür zu sein.

BESICHTIGUNGEN

Fortviertel

★ Wohl das besterhaltene Beispiel englischer Präsenz östlich von Suez. Vom Uhrturm, der bis 1952 als Leuchtturm diente, in der *Janadhipathi Mawatha* (früher Queen's Street) aus geht man am imperialen Postamt (G.P.O.) vorbei. Gegenüber fällt das Haus des Präsidenten in einem traumhaft schönen, aber verschlossenen Park auf. Früher residierte dort der britische Gouverneur. Wo die Sir Baron Jayatillake Maw. auf die York Street stößt, liegt *Cargills,* das älteste Kaufhaus Colombos. An der Ecke York/ Church Street lohnt eine Pause im renovierten legendären *Grand Oriental.* Bester Blick auf den Hafen: vom *Harbour View Restaurant* im 4. Stock dieses Hotels.

Galle Face Green

Trotz fortschreitender Versteppung halten die Colomboer dem Gelände zwischen dem Ceylon Inter-Continental und dem Hotel Galle Face die Treue. Früher befand sich hier die Pferderennbahn der Engländer. Heute, vor allem an Wochenendabenden und Feiertagen, ist es *der* Treffpunkt für die Einheimischen: Kinder lassen Drachen steigen, Eltern und junge Leute flanieren, kaufen Eis oder geröstete Nüsse und schauen Gauklern oder den Badenden zu. Touristen sind willkommen. Sie werden zwar oft angesprochen, aber auf eine nette Art. Schönster Platz zum Ausruhen: die Terrasse des Hotels Galle Face *(2, Kollupitiya Rd., Colombo 3).*

Independence Memorial Hall

In der offenen Unabhängigkeitshalle, einer Kopie königlicher Audienzhallen aus der Antike, eröffnete der Herzog von Gloucester am 4. Februar 1948 die erste Sitzung des ceylonesischen Parlaments. Auf Wandreliefs sind Szenen aus der Geschichte des Landes zu sehen. Vor der Halle ein Denkmal des ersten Premierministers D. S. Senanayake. Der historische Ort ist ein beliebter Treffpunkt junger Leute.

Ein paar Schritte entfernt: die *Bandaranaike Memorial International Conference Hall* (BMICH). Sie wurde 1973 als Geschenk der Volksrepublik China in moderner Architektur errichtet, zur Erinnerung an den 1959 ermordeten Premierminister Solomon Bandaranaike. Direkt gegenüber steht die protzige Botschaft der Chinesen, daneben eine Kopie des Buddhas von Aukana. *Independence Av./Maitland Place, BMICH, Di–So 9–16 Uhr*

Koloniales Colombo

★ Außer den Verwaltungsgebäuden im Fortviertel und den alten Hotels werden die weißen Prachtbauten rund um Nationalmuseum und Rathaus *(Town Hall)* Nostalgiereisende erfreuen. Beispiele: das Haus des Bürgermeisters (früher Bibliothek), das Gästehaus des Parlaments, schräg gegenüber das Museum, vor dem das Denkmal des Gouverneurs Sir William Gregory (1872–1877) steht, das Rathaus (1927/28 im Stil des Capitols erbaut), viele Villen in den Straßen Horton Place und Thurston Road, einer Allee mit herrlichen Regenbäumen. Die 30 m hohen Bäume mit schirmförmiger Krone stammen ursprünglich aus Afrika. *Colombo 7*

Kotte **(122/A1)**

Im 15. und 16. Jh. singhalesische Königsstadt, Hauptstadt Ceylons, heute Großstadt (über 100 000 Ew.), die mit Colombo zusammenwächst. Archäologische Grabungen haben bislang nur ein paar mittelalterliche Mauern freigelegt. Sehenswerter ist der Tempel *Raja Maha Vihare,* der auch einmal Buddhas legendären Eckzahn beherbergte (heute in Kandy). Zu Kotte gehört *Jayewardenepura,* die neue »Hauptstadt«. Fast 10 km von der City entfernt steht hier das futuristische Parlamentsgebäude auf einer Flussinsel. Sie können es nur aus der Ferne betrachten, es ist wie eine Festung gesichert.

Pettah

Muslimische und tamilische Händler prägen das bunte Bild dieses Basarviertels. Es wird vom Hafen, vom Bahnhof und von den Busterminals begrenzt. Über die Main Street ist es mit dem Fort verbunden, ein kurzer Spaziergang. Auch hier markiert ein Uhrturm den Eintritt ins Viertel. Hier finden Sie viele Zunftstraßen: In der *Gabo Lane* wird vorwiegend östliche (ayurvedische) Naturmedizin verkauft, in der *Sea Street* haben fast nur Juweliere und Goldschmiede ihre kleinen, verspiegelten Läden. Mehrere Hindutempel (der interessanteste: *Sri New Kathiresan Kovil* in der Sea Street, dem Kriegsgott Skanda geweiht) und Moscheen (meistfotografiert: *Jami ul Alfar, 2nd cross St./Bankshall St.,* rotweißer Backsteinbau von 1909, mit Uhrturm) verleihen der Pettah zusätzlich orientalisches Flair. Am lebhaftesten ist das Markttreiben ungefähr *zwischen 10 und 12 und nach 17 Uhr.*

Wolfendahl-Kirche

Von der Pettah aus führt die Wolfendahl-Straße (auch Wolvendaal geschrieben) durch das gleichnamige alte Holländerviertel leicht bergan bis auf einen Hügel. Dort steht, unübersehbar, die besterhaltene holländisch-reformierte Kirche des Landes. Sie wurde um 1750 auf Fundamenten eines portugiesischen Gotteshauses erbaut. Offizielle Besichtigungszeiten sind nicht vorgesehen, aber meistens findet sich aus dem angrenzenden Schulgebäude jemand, der gern mit einem riesigen Schlüssel die Kirche aufschließt. Sehenswert: alte Tauf- und Heiratsregister, die 400 Jahre alte Holländerbibel, der aus Tamarinde geschnitzte Taufbeckenständer, der Gouverneursstuhl und die Orgel. *60 Rps. Trinkgeld sind für solch eine freiwillige Führung angemessen; Wolfendahl St., So 9.30 Uhr Gottesdienst in englischer Sprache*

Zoo **(122/A1)**

Der schönste Tierpark Asiens, parkartig angelegt. Sympathische Atmosphäre an Wochenenden, Ausflugsort herausgeputzter Mittelstandsfamilien. *Tgl. 8.30–18 Uhr, Elefantendressur 17 Uhr, Eintritt 90 Rps., Dehiwala (Bahnstation)*

MUSEEN

Dutch Period Museum

★ Im stillen Innenhof des über 300 Jahre alten Gebäudes mitten in der Pettah, seit 1982 das Museum der holländischen Epoche, erlauben Grabplatten und ihre Inschriften Rückschlüsse auf das harte, meist nur kurze Leben der Kolonialholländer.

Ausgestellt sind Möbel aus Tropenholz und Elfenbein, ferner Dokumente, Karten und Bilder, Geschirr und Besteck, Pfeifen, Geld und Alltagsbeschreibungen wie beispielsweise Rezepte von Pannekoek und Koekjes (Keksen). *Sa–Do 9–17 Uhr, Eintritt 50 Rps., 95 Prince St., Colombo 11*

Nationalmuseum

Der weiße Bau im klassizistischen Kolonialstil, von gewaltigen Banyanbäumen umstanden, ist schon für sich genommen eine Sehenswürdigkeit. Ausgestellt sind Funde aus der Vor- und Frühgeschichte (Galerie II), sakrale Kunst aus den antiken Königsstädten Anuradhapura (III) und Polonnaruwa (IV) sowie Kunst (und Kitsch: Staatsgeschenke aus aller Welt) aus Kandy (VI und VII) und anderen Orten, besonders aus der Region des kulturellen Dreiecks (V).

Ein kleiner Saal zeigt buddhistische Symbole und gibt eine interessante Einführung in die wichtigste Religion des Landes. Außerdem: eine umfangreiche Bibliothek und Volkskunst (Masken, Musikinstrumente, Haushalts- und Arbeitsgerät). *Sa–Do 9–17 Uhr, Eintritt 100 Rps., Albert Crescent/Sir Marcus Fernando Maw., Colombo 7*

RESTAURANTS/CAFÉS

Beach Wadiya

Unter freiem Himmel genießen hier, am Strand des Vororts Wellawatte, viele europäische »Resident Manager«, Reiseleiter und Botschaftsleute, aber auch einheimische Gäste vor allem Seafood. Für mehrere Personen lohnt sich die große gemischte Meeresfrüchte- und Fischplatte. Tischbestellungen, vor allem fürs Wochenende, sind ratsam. *Tgl. ab 19 Uhr, 2, Station Av. Wellawatte (Bahnstation), Tel. 01/58 85 68, Kategorie 2–3*

Chinese Golden Gate

Zu diesem Chinesen nehmen viele Leute aus anderen Vierteln Colombos gern den Weg nach Wellawatte auf sich (der Vorort liegt zwischen City und Mt. Lavinia). Essen und Atmosphäre ragen aus dem nicht sehr großen Angebot fernöstlicher Lokale in der Hauptstadt heraus. *Tgl. 11 bis 23 Uhr, 25, Galle Rd., Colombo 6, Tel. 01/58 25 10, Kategorie 2–3*

Curry Leaf

Sri Lankas berühmteste Köchin, die »Curry Queen« Felicia Sorensen, konzipierte Colombos neuestes In-Lokal. Das Gartenrestaurant im Hilton deckt mit 150 verschiedenen Gerichten die gesamte kulinarische Bandbreite des Landes ab. Auch typische Snacks (Hoppers etc.) werden erstmals in gehobenem Ambiente präsentiert. *Tgl. 11–15 und 18–23 Uhr, Lotus Road, Hilton, Tel. 01/34 46 44, Kategorie 2*

Cyber Café

Sri Lankas erstes Internet-Café lädt in Colombos Betonmeer

zum Surfen und zum Versenden von E-Mails ein. *Tgl. 10–22 Uhr, Union Place 211, Colombo 2, Tel. 01/33 47 23*

Don Stanley

Dieses nette Lokal (mit Café im 1. Stock) hat sich rasch zum In-Treff des jüngeren gehobenen Mittelstands entwickelt. Gute europäisch-asiatische Küche. *Tgl. 12–15 und 19–24 Uhr, 69, Alexandra Place, Colombo 3, Tel. 01/ 68 64 86, Kategorie 2–3*

Palmyrah

Modernes Restaurant im Keller des Renuka-Hotels, gute Adresse für verfeinerte und dennoch authentische Curries. Scharfe Gerichte aus der Jaffna-Region (die ja nicht zu bereisen ist) gehören zu den Spezialitäten. Achtung: Die Klimaanlage ist meistens sehr kalt eingestellt. *Tgl. 12–14.30 und 19–22.30 Uhr, 328, Galle Rd., Colombo 3, Tel. 01/ 57 35 98, Kategorie 2*

EINKAUFEN

Originelle und landestypische Kleinigkeiten findet man leicht in den Basarstraßen der Pettah. *Cargills,* das alte Kolonialkaufhaus in der York Street, ist sehenswert, hat aber ein modernes, nicht sehr großes Angebot.

Barefoot

Das Unternehmen bemüht sich seit Jahren um Wiederbelebung traditioneller Webtechniken. *704, Galle Road, Colombo 3*

Laksala

Staatliche Einkaufsstätte für Kunsthandwerk und landestypische Souvenirs: vom Schlüsselanhänger in Elefantengestalt für ein paar Pfennige bis zu großen Masken, die auch verschifft werden. Es gelten Festpreise – Handeln ist nicht nötig bzw. möglich. Wer sich hier einen Überblick über das Preisniveau verschafft – die Ware ist ausgeschildert –, kann woanders besser handeln. *60, York St., Mo–Fr 9–17, Sa 9–16 Uhr, Tel. 01/32 35 13;* zwei weitere Filialen in *Government Flats, Colombo 4* und *Liberty Plaza, Colombo 3.*

Majestic City

Das feinste der drei großen Einkaufszentren Colombos (die anderen heißen *Liberty* und *Unity Plaza*) bietet viele fashionable Geschäfte für Textilien, Tee und Gewürze. *Galle Rd., Colombo 4 (Stadtteil Bambalapitiya)*

Serendib Gallery

Hier können Sie Batiken, alte Bücher, schöne Handwerkskunst erwerben. *100 Galle Rd., Colombo 4 (Stadtteil Bambalapitiya)*

Die Marco Polo Bitte

WWF

Marco Polo war der erste Weltreisende. Er reiste in friedlicher Absicht, verband Ost und West. Er wollte die Welt entdecken, fremde Kulturen kennen lernen, nicht zerstören. Könnte er heute für uns Reisende nicht Vorbild sein? Aufgeschlossen und friedlich sollte unsere Haltung auf Reisen sein. Dazu gehören auch Respekt vor Mensch und Tier und die Bewahrung der Umwelt.

State Gem Corporation
Eine staatliche Einrichtung, die jetzt mit der Edelstein- und Juwelenbörse (*Gems & Jewellery Exchange*) unter einem Dach residiert. Hier können Sie glitzernde Preziosen zu soliden Festpreisen kaufen. Sie können aber auch woanders gekaufte Steine auf ihre Echtheit überprüfen lassen. *310 Galle Rd., Colombo 3*

HOTELS

Fast alle 5-Sterne-Hotels in der Hauptstadt haben gerade eine Phase der Renovierung abgeschlossen oder sind dabei, umzubauen oder zu erweitern. Unter den Kettenhotels der Luxusklasse gilt das *Hilton* als die Nr. 1. Am schönsten gelegen sind aber das *Taj Samudra (am Galle Face Green)* und das *Trans Asia Hotel (Sir Gardiner Maw.)*. Die klassischen Kolonialhotels haben nach wie vor ihr Stammpublikum.

In Colombo gibt es nicht annähernd so viele Mittelklassehotels und Pensionen für Rucksackreisende wie in anderen südostasiatischen Großstädten.

Galle Face
★ Über Jahrzehnte das Lieblingshotel vieler nostalgisch gestimmter Reisender. Seit sich 1994 eine Finanzgesellschaft aus Singapur eingekauft hat, bangen sie um den Charme, der dieses Hotel zur Legende gemacht hat. 1998 war von den geplanten Umbauten noch nichts zu sehen. So gilt: Die Veranda mit Blick auf Palmen und Meer ist, vor allem zum Sonnenuntergang, der schönste Treffpunkt Colombos. *39 Zi., 2, Kollupitiya Rd. (Galle Face Green), Tel. 01/54 10 10, Fax 54 10 72, Kategorie 2*

Grand Oriental
In alten Zeiten *das* Stadthotel von Colombo. Obwohl 1991 gründlich renoviert, stimmt noch immer, was ein Reisender 1897 schrieb: »Weite Säulenhallen umgeben sein Erdgeschoss, das Ganze macht einen reinlichen und europäischen Eindruck ...« Die 32 Zimmer sind heute allerdings »zweckmäßig«, nicht mehr mit Ventilator und Moskitonetz ausgestattet. Auch das berühmte Restaurant *Harbour View* hat leider an Charme verloren. Nach wie vor lohnt aber von hier der Blick auf den Hafen. *2, York St., Tel. 01/32 03 91, Fax 44 76 40, Kategorie 2*

Nippon
Preiswertes Mittelklassehotel mit netter Atmosphäre, zentral in einem Gebäude gelegen, das 1909 ein japanischer Kaufmann errichten ließ. Die Zimmer (ab 24 $) sind sehr ordentlich. Sie finden ein gut geführtes Restaurant und eine hervorragende Bäckerei im Haus. *40 Zi., 123, Kumaran Ratnam Rd., Colombo 2, Tel. 01/43 18 87 und 33 26 02, Fax 33 26 03, Kategorie 2*

SPIEL UND SPORT

Weder an den Stränden vor dem Galle Face Green noch in Mount Lavinia lässt sich nennenswerter Wassersport treiben. Jogger finden im Vihara Maha Devi Park und in den stillen Villenstraßen am Nationalmuseum angenehmen Auslauf.

Golfer sind als Gäste im schönen alten *Royal Colombo Golf Club (223, Model Farm Rd., Colombo 8, Tel. 01/69 54 31, Tagesgebühr 2200 Rps.)* willkommen.

AM ABEND

Colombo bietet kein wirkliches Nachtleben. Wer sich nach dem Essen, das meistens gegen 22 Uhr abgeschlossen ist, amüsieren will, ist auf die Nachtclubs der großen Hotels angewiesen.

Die Diskotheken im Taj Samudra (*My Kind of Place*) und im Hilton (*Blue Elephant*) sind bei den jungen und schicken *locals* besonders beliebt.

AUSKUNFT

Die Zentrale des Ceylon Tourist Board, die auch für Colombo zuständig ist, bemüht sich unter anderem mit Prospekten um die Lösung von Detailproblemen. Sie hat ihren Sitz gegenüber vom Hotel *Oberoi. Mo–Fr 8.30 bis 16.30, Sa 8.30–12.30 Uhr, 78, Steuart Place, Tel. 01/43 70 59 und 43 70 60, Fax 43 79 53, E-Mail ctb_ch@sri.lanka.net*

ZIELE IN DER UMGEBUNG

Holländischer Kanal **(118/A5–6)**

★ Dieser Wasserweg, vor etwa 300 Jahren von den Niederländern für den Zimttransport gebaut, führt über mehr als 120 km nach Norden bis Puttalam. Am spannendsten ist der etwa 25 km lange Abschnitt von Colombo bis kurz vor Negombo: Da wird gefischt, gebadet, Sand abgeladen (der Kanal muss ständig ausgebaggert, also vor dem Versanden bewahrt werden). Die schmale Straße am »Hamiltonkanal« (benannt nach einem britischen Kolonialingenieur, der die Ufer befestigte) ist der schönste Nebenweg nach Negombo, empfehlenswert auch für Radler (Fahrräder in Negombo zu mieten).

Kelaniya-Tempel **(118/A6)**

★ Der großartige buddhistische Tempelbezirk am Kelanifluss,

Der Holländische Kanal, der schönste Nebenweg nach Negombo

Von allen buddhistischen Gläubigen verehrt: der Kelaniya-Tempel

nur 10 km vom Zentrum Colombos entfernt, ist ein eindrucksvoller Ort alltäglicher Gläubigkeit. Nur der Zahntempel in Kandy wird noch stärker verehrt. Die Bedeutung des *Raja Maha Vihara* (Königlicher Großer Tempel) von Kelaniya geht auf eine Legende zurück: Buddha selbst soll hier auf einem Thron gesessen haben, der als Reliquie unter der weißen Dagoba (Kuppel) aufbewahrt wird. Jeden Tag legen die Gläubigen Blüten vor die Statuen und bringen Wasser für den heiligen Bodhibaum. Besonders viele Pilger kommen an Vollmondtagen. Beim Januar-Vollmond strömen hunderttausende zur *Duruthu Perahera,* der farbenprächtigsten Prozession nach der von Kandy. Das Tor zum heiligen Bezirk von Kelaniya hat John Hagenbeck, der um die Wende zum 20. Jh. in Colombo lebte, kopiert und am Eingang zu Hagenbecks Tierpark in Hamburg aufgestellt.

Mount Lavinia **(122/A1)**
Der Bade- und Villenvorort im Süden der Stadt, schnell und kurzweilig mit der Bahn zu erreichen, verdankt seine Berühmtheit dem gleichnamigen Hotel. Es wurde 1877 in jenem weißen Prachtbau eröffnet, den sich Gouverneur Thomas Maitland 70 Jahre zuvor als Zweitresidenz hatte bauen lassen. Seit über 100 Jahren gehört das *Mount Lavinia (275 Zi., davon 55 im alten Flügel, 100 Hotel Rd. Mt. Lavinia, Tel. 01/71 52 21-7, Fax 73 07 26, 73 82 28, Kategorie 1)* zu den legendären Kolonialhotels in Asien. Weder der klobige Neubau, vor etwa 20 Jahren auf den Hügel über dem Meer neben den eleganten Altbau gesetzt, noch der eher schlichte Standard der Restaurants haben daran etwas

geändert. Wer je den Nachmittag auf der Poolterrasse, mit Blick übers Meer und auf die Hochhäuser von Colombo, verträumt hat, wird den Zauber verstehen, der von diesem Ort ausgeht. Der breite Hotelstrand ist sehr gepflegt. In der Nähe des Hotels haben sich zahlreiche Souvenirläden angesiedelt. Zwei ordentliche Mittelklassehotels in der Nachbarschaft: *Berjaya Mount Royal Beach (95 Zi., 36, College Av., Tel. 01/73 96 10-5, Fax 73 30 30)* und *Palm Beach (50 Zi., 52, De Saram Rd., Tel. 01/71 74 84, Fax 71 27 13), beide Kategorie 2*

NEGOMBO

(118/A5) Vor Ausbruch der schweren Unruhen von 1983 galt dieser Fischer- und Badeort, knapp 40 km von Colombo entfernt, schon fast als Massenziel. Die Situation hat sich inzwischen wieder entspannt. Neue Hotels haben die Qualität des Angebots (und damit des Publikums) erhöht. Die Urlauberströme verteilen sich inzwischen auf viele Orte im Südwesten.

Die Fischerei ist noch immer die Haupteinnahmequelle in diesem vorwiegend christlich geprägten Ort (80 000 Ew.). Jeden Morgen bis 11 Uhr herrscht munteres Treiben auf dem Fischmarkt südlich der Einfahrt zur Lagune. Nachmittags nähern sich die traditionellen Boote, *Oruwas*, mit geblähten Segeln dem Strand – ein beliebtes Fotomotiv. Die Portugiesen hatten in dieser Gegend große Missionserfolge: In Massentaufen erhielten die Angehörigen einer aus Indien stammenden Fischerkaste (Karawa) Namen wie Fernando oder Perera, die noch heute vorherrschen. Sehenswert: christliche Friedhöfe im Dünensand südlich von Negombo, Karawasiedlungen auf der Insel Duwa nördlich der Lagune und der Sonntagsmarkt unter Luftwurzelbäumen im alten Fort, das seit fast 200 Jahren als Gefängnis dient.

RESTAURANTS

Zahlreiche Strandlokale finden sich in der Nähe der Hotels. Lieblingsadresse des Autors: *Silva's Beach Restaurant (5, Porutota Rd., Ethukala, Kategorie 3)*. Vijith Silva, der Inhaber des sympathischen Familienbetriebs, serviert nicht nur ausgezeichneten Fisch und gut gewürzte Meeresfrüchte, er vermietet auch Zimmer und komfortable Bungalows *(Kategorie 2–3)* sowie Fahrräder *(100 Rps. pro Tag)*.

HOTELS

Blue Lagoon
Bewährtes (bei Gruppen beliebtes) Hotel an der Lagune, 6 km südlich von Negombo. *48 Bungalows, Talahena, Tel. 031/330 04-5, Buchung: Agentur Serendib, Colombo, Tel. 01/43 32 68, Fax 43 89 33, Kategorie 2*

Browns Beach
Strandhotel aus den Siebzigerjahren des 20. Jhs., frequentiert von Pauschalurlaubern. *140 Zi., 175, Lewis Place, Tel. 031/226 38, Fax 074/87 05 72, Kategorie 2*

Royal Oceanic
Neueres Strandhotel mit einem phantasievoll gestalteten Garten-, Restaurant- und Swimmingpoolbereich. *92 Zi., Ethukala, Tel. 031/243 06-7, Fax 383 84, Kategorie 2, E-Mail jethot@sri.lanka.net*

ZIELE IN DER UMGEBUNG

Chilaw **(118/A3)**
Schon auf der gut 40 km langen Strecke von Negombo nach Norden fallen immer wieder christliche Kirchen auf. Dieser Küstenstreifen ist mehrheitlich von katholischen Fischerfamilien bewohnt. Seit der Wilpattu National Park (westlich von Anuradhapura gelegen) nicht mehr besucht werden kann, wird die Küstenstraße nach Norden von Touristen nur wenig befahren. Die Landschaft ist flach und eher eintönig, dafür aber hat sich in den Dörfern und Kleinstädten sehr viel unverfälschtes Leben erhalten. Märkte, Handwerk und andere Bereiche des alltäglichen Lebens sind oft westlich beeinflusst, wie in vielen Orten des Südwestens.

Chilaw war schon in alten Zeiten Zentrum des Zimthandels. In der portugiesischen Kolonialepoche missionierten von hier aus Jesuiten die Küstenbevölkerung. Heute ist die Stadt ein römisch-katholischer Bischofssitz. Aus einem Palmenhain an der Lagune im Zentrum der Stadt ragt die Kathedrale heraus: ein schlichter, fast schmuckloser Bau. Das *Resthouse* von Chilaw (Spezialität: Seafood Curry) ist ein guter Pausenplatz auf dem langen Weg nach Puttalam und weiter nach Anuradhapura.

2 km außerhalb des Ortes, an einem künstlichen See aus der Antike, liegt *Munneswaram,* angeblich der älteste Hindutempel der Insel. Er soll an dieser Stelle schon gestanden haben, als Prinz Vijaya, der Stammvater aller Singhalesen, mit seinen 700 Kriegern die Insel Lanka erreichte. Der Schrein ist dem Gott Shiva gewidmet, dem Zerstörer, dem König des Tanzes, dem Herrn des Yoga und vielgestaltigen Meister der Musik.

Marawila **(118/A3–4)**
Das kleine Küstendorf 18 km nördlich von Negombo ist berühmt für seine Batikprodukte. Hier hat auch die bekannte Firma Budhi ihren Sitz. Die Preise liegen erheblich unter denen der bekannten Budhi-Shops in Colombo oder am Flughafen. Interessant ist auch der Abstecher zum 7 km südlich von Marawila gelegenen staatlichen *Coconut Research Institute* von Madampe. Hier, im Zentrum des »Coconut County«, beschäftigt man sich mit dem wichtigen Exportgut der Kokospalme. Voranmeldung ist zum Besuch nicht nötig.

Puttalam **(114/A6)**
Bis hierher, gut 120 km nördlich von Colombo, führt der holländische Zimtkanal. Wenn Sie hören, dass an diesem Ort Prinz Vijaya gelandet sein soll, am selben Tag vor 2500 Jahren, als Buddha ins Nirwana eingegangen ist, werden Sie enttäuscht sein, dass kein Monument auf das legendäre Ereignis hinweist. Zwar pilgern christliche Fischer, die hier, wie überall zwischen Colombo und Puttalam die Mehrheit stellen, oft und gern zu den alten Kirchen der Stadt. Aber für die wenigen Touristen, die nach Puttalam kommen, werden eher die ausgedehnten Strände und die Salzpfannen (im Vorort Palavi, 2 km südlich) interessant sein. Fisch und Meeresfrüchte bekommen Sie im alten *Resthouse* frisch zubereitet (und sehr billig).

Traumstrände und grünes Hinterland

Von den Badebuchten bei Bentota zu den alten Städten im Süden. Abstecher: Safari im Yala National Park

Szenen aus dem Bilderbuch der asiatischen Tropen: Palmen säumen weiße Sandstrände, die an vielen Buchten noch immer endlos und menschenleer wirken. In den Straßendörfern bewegen sich die Menschen gemessenen Schrittes vor ihren Gärten, Hütten oder den großen Häusern, die den Glanz vergangener Tage ahnen lassen. Manchmal hält ein Ochsenkarren, beladen mit Nüssen oder Faserstricken aus den Kokosplantagen der Nachbarschaft, den Verkehr auf. An den Brunnen schwatzen die Frauen, zeigen lachend ihre weißen Zähne und winken sofort zurück, wenn sie den Gruß der Besucher bemerkt haben. Mönche, auffallend in ihren safranfarbenen Kleidern, wandern unter Palmen, den Blick und die Gedanken meistens nach innen gerichtet. Manchmal werden auch sie an den Rand der schmalen Straße gedrückt, wenn die Fahrer der unzähligen privaten Minibusse neuen Rekorden auf der Küstenstraße nachjagen. Wie schwerfällige silberne Käfer wirken dagegen die Busse der Staatsgesellschaft, die »an jeder Palme halten«, wie die Leute halb liebevoll, halb spöttisch sagen. Die alten Doppeldecker, einst in London ausgemustert, sind fast ganz aus dem Straßenbild verschwunden. Nur die Eisenbahn, auch aus englischer Zeit, fährt noch wie eh und je am Meer entlang, langsam und geräuschvoll. Kinder in weißen Schuluniformen streben in großen Gruppen, zu hunderten, ihren Elternhäusern zu.

Keine andere Region spiegelt die Sehnsüchte der Urlauber und die Probleme der neuen Zeit so deutlich wider wie der 250 km lange Küstenabschnitt zwischen Colombo und Hambantota. Mit diesem Stück Sri Lanka, das streckenweise noch an das alte Ceylon erinnert, werden die meisten Besucher auf dem Wege zu ihren Hotels als Erstes konfrontiert. Nicht wenige sehen von der Insel überhaupt nur die Küstenlandschaft. Sie ist voller Farbenreichtum, voller fremder Gerüche – ein einziges lebhaftes Straßendorf, so scheint es, vor allem zwischen Kalutara und Hikkaduwa. Aus dem Palmengrün

Der Weligama Beach mit dem Inselchen Taprobane

MARCO POLO TIPPS FÜR DIE SÜDWESTKÜSTE UND DEN SÜDEN

1 Brief Garden
Ein Paradies für Liebhaber grüner Oasen (Seite 50)

2 Kneipenbummel in Hikkaduwa
Sri Lankas lebhafter Szeneort (Seite 51)

3 Altstadt von Galle
Ein lebendiges Freilichtmuseum (Seite 52)

4 Yala National Park
Elefanten, Büffeln, Leguanen und Vögeln auf der Spur (Seite 55)

leuchten weiße Tempel und Moscheen, und rechter Hand, hinter der nächsten Kurve, funkelt das Meer, türkisgrün oder tiefblau.

Weit im Süden, in den Altstädten von Galle oder Matara, lässt sich der verlorenen Zeit nachsinnen. Noch weiter südlich, am Rande riesiger Salzlagunen und großer Sanddünen, prägen Palmyrapalmen das auf einmal gar nicht mehr heitere Landschaftsbild. Und schließlich, im Yala Park, mag der Spur des Leoparden folgen, wer unbedingt eine Art Safarierlebnis zu seinen Urlaubsabenteuern zählen will.

Ausnahmsweise werden die sehenswerten Orte in diesem Kapitel nicht alphabetisch aufgezählt. Die Beschreibung orientiert sich am Reiseweg der meisten Besucher, also von Norden nach Süden an der Küste entlang.

KALUTARA

(**122/B3**) Die Stadt hat nur knapp 40 000 Einwohner. Sie wirkt jedoch größer, weil sich der Verkehr auf der A 2, der wichtigsten Ader zwischen Colombo und dem Süden, hier am Kalu Ganga (»Schwarzer Fluss«) ballt. Eine breite Brücke im Zentrum überquert ihn. Aus dem Ortsbild ragt eine Dagoba, die zur Tempelanlage Gangatilaka Vihara gehört. Hier halten alle einheimischen Fahrer, soweit sie Buddhisten sind, für ein kurzes Opfer an. Sie werfen ein paar Münzen in einen Kasten, legen vielleicht noch Blumen vor eine der vielen Buddhastatuen unter den Banyanbäumen auf der anderen Straßenseite, gegenüber der großen Dagoba. Das alles soll ihnen gute Fahrt und glückliche Heimkehr sichern. Die Dagoba ist übrigens die einzige auf der Insel, die kein geschlossener Reliquienschrein ist: Es ist erlaubt, sie zu betreten. Die Bilder an den Innenwänden zeigen Szenen aus dem Leben Buddhas.

Kalutara ist Zentrum der Korb- und Strohflechter, der Kokosmattenweber und Strohhutmacher. In kleinen Werkstätten können Sie dem mühevollen Arbeitsprozess des Trocknens, Flechtens und Färbens zuschauen.

HOTELS

The Golden Sun
Das relative neue Hotel nördlich von Kalutara (Eröffnung 1996)

lockt mit moderner Ausstattung, schöner Strandlage und guten Sportangeboten. *202 Zi., Kudaswaskaduwa, Tel. 01/59 33 47, Fax 58 39 54, Kategorie 2*

Tangerine Beach
Ebenfalls in schöner Strandlage, aber etwas komfortabler als das Golden Sun. *169 Zi., De Abrews Rd., Waskaduwa, Tel. 034/222 95, Fax 267 94, Kategorie 2*

BERUWALA

(**122/B3**) Beruwala, Alutgama und Bentota sind zu einem Straßendorf zusammengewachsen, in dem der Tourismus dominiert. Keine andere Siedlung auf der Insel hat eine längere muslimische Tradition. Hier sollen im 11. Jh. die ersten arabischen Kaufleute – bis heute *Moors* genannt – gelandet sein. Sri Lankas älteste Moschee erinnert daran; sie heißt *Kachchimalai* und liegt auf einer Halbinsel, mit einem phantastischen Blick auf eine der schönsten Buchten der Westküste.

Die zweite Sehenswürdigkeit ist der Fischmarkt im Ortsteil Alutgama. Frühmorgens werden hier unter anderem Haie, Thunfische, Marline und sogar kleine Wale gehandelt – ein grelles und nicht unbedingt appetitliches Spektakel.

HOTELS

Barberyn Reef
Eine der ältesten Anlagen am Strandabschnitt *Moragalle,* familiäre Atmosphäre. Als Besonderheit werden ayurvedische Behandlungen angeboten. *65 Zi., vor allem in Bungalows, Tel. 034/760 36, Fax 760 37, Kategorie 3*

Club Palm Garden
Etwas ältere Anlage, 1992 im Clubstil renoviert. Überwiegend jüngeres, aktives Publikum. *142 Zi., Tel. 034/760 39, Fax 760 38, Kategorie 2*

Confifi Beach
Kleinstes, ältestes und einfaches Haus der gleichnamigen Hotelgruppe. Im Angebot: Ayurveda. *70 Zi., Tel. 034/762 17, Fax 763 17, Kategorie 2–3*

Eden
Am neuen Luxushotel, »Flaggschiff« der Confifi-Gruppe, scheiden sich die Geister: Architektonisches Mittelmaß und familienfreundliche Ausstattung halten sich hier die Waage. *180 Zi., Reservierung: Tel. 034/760 75, Fax 761 81, Kategorie 1*

Riverina
Obwohl mit 190 Zimmern ein großes Strandhotel, hat es doch familiären Charakter. 1993 renoviert, schöner Garten, großer Pool. *Tel. 034/76 04 4-5, Fax 760 47, Kategorie 2*

Swanee
Nicht mehr neu, aber gemütlich. *54 Zi., Tel. 034/760 07, Fax 760 73, Kategorie 3*

Ypsilon
Kleines Guesthouse unter deutscher Leitung. Die Stammgäste schätzen die familiäre Atmosphäre und das Sportangebot *(Tauchbasis, fünftägiger Anfängerkursus inkl. Ausrüstung etwas über 300 Mark; 1 Tauchgang ca. 42 Mark, 35 Mark bei eigenem Gerät; bei 10 Tauchgängen ist einer frei). 25 Zi., Moragalla, Tel. 034/761 32, Fax 763 34, E-Mail ypsilon@slt.lk, Kategorie 3*

BENTOTA

(122/B4) Trotz vieler Hotels, Imbissbuden, Boutiquen und Reiseagenturen wirkt die Atmosphäre nicht so massentouristisch wie in Hikkaduwa. Der Bentotafluss mündet hier breit und schlammig, von Urwald gesäumt, ins Meer. *Bootsausflüge sind möglich, eine Stunde sollte max. 100 Rps. kosten.*

HOTELS

Ceysands
Das gut eingeführte und bei Pauschaltouristen beliebte Hotel besticht durch die günstige Lage auf einem Sandstreifen zwischen dem Bentotafluss und dem Meer. *84 Zi., Tel. 034/75073, Fax 01/447087, Kategorie 2*

Robinson Club
Sehr schön auf einer Lagune gelegen, breiter, langer Strand. 150 kleine Zimmer in hübschen Bungalows. Gutes Unterhaltungsprogramm, Ayurveda-Praxis für Anfänger. *Tel. 034/75167-71, Fax 75172, Kategorie 1 (mit Vollpension und Programm)*

Saman Vilas
Wie eine kleine Festung erheben sich die Luxussuiten der neuen Anlage zwischen zwei Sandstränden auf einer felsigen Landspitze. *27 Zi., Aturuwella, Tel. 034/75435, Fax 75433, Kategorie 1*

ZIELE IN DER UMGEBUNG

Ahungalla **(122/B4)**
Am schönsten Küstenabschnitt auf dem Weg nach Galle steht das *Triton Hotel*, das sich bis zur Eröffnung des Eden Sri Lankas einziges Luxushotel am Strand nennen konnte. Das Getriebe der Welt bleibt außen vor. Nicht einmal kleine Läden oder Restaurants haben sich in der Nähe angesiedelt. Die Anlage ist weitläufig, der Pool der größte weit und breit, der Service effizient, aber nicht unbedingt herzlich. *150 Zi., Tel. 09/64041, Fax 64046, Kategorie 1 (hohe Nebenkosten)*

Brief Garden **(122/B3)**
★ Der verwunschene Park war Refugium des skurrilen Lebenskünstlers Bevis Bawa, der 1992 hochbetagt starb. Nicht nur Freunde der Botanik werden diesen Ausflug ins Paradies genießen. Vom Ortsteil Alutgama aus fahren Sie nach Osten durchs Muslimdorf Dharga und weiter durch Kautschukplantagen. Achtung: Die Hinweisschilder *Brief* können leicht übersehen werden. *Tgl. 9–17 Uhr, Eintritt 60 Rps.*

Kosgoda **(122/B4)**
10 km südlich von Bentota. Sehenswert ist die Zuchtstation für Schildkröten. Nicht weit vom renommierten Strandhotel *Kosgoda Beach (52 Zi., Tel. 09/54017, Kategorie 2)* entfernt, wurden dort in den letzten Jahren über eine Million Schildkröteneier beschützt. Das *Turtle Research Centre (Tel. 037/22400)* liegt in der Nähe der Polizeistation.

AMBALANGODA

(122/B5) Ein lebhafter Basar, eine Kirche aus holländischer Zeit und die alten Holzboote der Fischer machen Ambalangoda zu einem freundlichen Ausflugsziel. Berühmt aber ist es als Dorf der Maskenschnitzer. Der traditionsreichste Familienbetrieb ist der von *Ariyapala & Sons (426, Patabendimulla, Tel. 09/583 73)*, dem ein sehenswertes *Maskenmuseum* angeschlossen ist.

HIKKADUWA

(**122/B5**) Die Zeiten von »Hippiduwa«, dem Treffpunkt der alternativen Urlauber, sind längst vorbei. Heute ist der Ort ein Zentrum des sehr lebhaften Pauschaltourismus, in dem sich Rucksackreisende nach wie vor wohl fühlen (und Unterkünfte in Privatquartieren und Strandpensionen finden). Über mehrere Kilometer bestimmen Kleider- und T-Shirt-Läden, Restaurants aller Art, Fahrradvermieter und andere Geschäfte die Szene an der Hauptstraße und am Strand. Was macht diesen Ort, der wirklich nicht schön genannt werden kann, so beliebt? Der Strand ist gut, aber es gibt eindrucksvollere Buchten. Die per Glasbodenboote beackerten Korallengärten sind nichts Besonderes. Also muss es wohl das lebhafte und in Sri Lanka dichteste Angebot an Restaurants, Cafés, Pubs und Shops sein.

RESTAURANTS

Beliebter Sport derer, die nur Übernachtung mit Frühstück gebucht haben (unbedingt empfehlenswert): mittags und vor allem abends die vielen ★ Strand- und Straßenlokale auszutesten. Fragen Sie andere Urlauber nach den aktuellen Adressen. Oder verlassen Sie sich auf die Traditionstipps, so etwa das *Curry Bowl* (neben dem Coral Gardens), *Chinese Dragon* (an der Galle Rd., bei der Tankstelle) oder *Hotel Francis* (am südlichen Ortsrand).

EINKAUFEN

Reisen Sie mit leichtem Gepäck, kaufen Sie alles vor Ort, was Sie für den Strand oder für Ausflüge brauchen. Das Angebot wirkt anfangs verwirrend. Es macht aber Spaß, zu stöbern, zu handeln und sich Blusen, Kleider, Hemden, luftige Pluderhosen usw. nach Maß schneidern zu lassen (das dauert nur einen Tag). Achtung: sonntags großer Markt.

HOTELS

Bird Lake Lodge
Ein Tipp für Strandmüde ist dieses Hotel an der Hinterlandlagune: Veranda mit Seeblick, Bootsverleih, gutes Essen (Lagunengarnelen!). *8 Zi., Baddegama Rd., Tel. 09/770 18, Kategorie 1*

Coral Gardens
Das erste Haus am Platz: Pool, Ausflüge zu den Korallengärten (Glasbodenboote), Wassersport. *156 Zi., Main Rd., Tel. 09/770 23, Fax 571 89, Kategorie 2*

SPORT UND SPIEL

Wassersport ist top: Surfer ziehen den *Wewalastrand* (Richtung Galle) vor. Taucher und Schnorchler können die Ausrüstung vor Ort mieten und Kurse bei verschiedenen Tauchschulen belegen (meist mit den größeren Hotels verbunden; z. B. im *Coral Reef Beach, Preisbeispiele: 1 Tauchgang ca. 26 $, ein Anfängerkurs ca. 330 $*). Wer sich die Unterwasserwunder lieber von oben anschaut: *Eine Fahrt mit dem Glasbodenboot kostet etwa 200 Rps. pro Boot. Fahrradmiete: 1 Std. ca. 20, 1 Tag ca. 100 Rps.*

ZIELE IN DER UMGEBUNG

Baddegama (122/C5)
Gleich hinter Baddegama liegt das Hotel *Plantation*, mit nur 3 Zimmern, aber viel Charme. Es ist in einem alten Plantagenhaus untergebracht. Der Inhaber Vernon Abeyesundere, ein Teepflanzer im Ruhestand, plaudert gern mit den Gästen, von denen viele auch nur zum stilvollen Abendessen aus Hikkaduwa kommen. Dawn, die Landlady, veranstaltet empfehlenswerte Kurse in singhalesischer Kochkunst. *Halpatota, Baddegama Rd., Tel. 09/770 18, Fax 01/ 50 36 66, Kategorie 2–3*

Dodanduwa (122/C5)
Auf einem Inselchen im *Rathgamasee,* 7 km südlich, gründete 1911 der Mönch Nyanatiloka (als Anton Gueth in Deutschland geboren; 1957 gestorben und mit einem Staatsbegräbnis geehrt) eine Art Einsiedelei. Besucher ohne schriftliche Anmeldung sind nicht willkommen.

GALLE

(122/C6) Einzigartige Mischung aus asiatischer Gegenwart und kolonial-europäischer Vergangenheit, vor allem im Fortviertel. Nur ein kleiner Teil der fast 100 000 Einwohner wohnt zwischen den Wällen und Bastionen aus holländischer Zeit, mehrheitlich Muslime.

BESICHTIGUNG

Altstadt von Galle
★ Für den ersten Überblick: eine Wanderung auf den grasüberwachsenen Wällen der alten Festung einmal ums Fortviertel, vorbei an den Bastionen (vom Neuen Tor aus gesehen gegen den Uhrzeigersinn) Mond, Stern, Aeolus, Clippenberg, Neptun, Triton, Utrecht, Aurora, Akerslot, Zwart und Sonne, am Leuchtturm und am herrlichen New Oriental Hotel. Der Flaggenfelsen bietet die beste Aussicht auf den Hafen, der einmal der wichtigste der Insel war. Die Ursprünge des Forts liegen im 16. Jh. Damals bauten die Portugiesen an diesem Felsen (singhalesisch=*gala*) eine kleine Festung. Sie machten aus dem Wort *Gala* den Ortsnamen *Gallo* = Hahn. Der ziert noch immer das Stadtwappen, gut sichtbar auf der Innenseite des Alten Tors (zusammen mit dem Symbol der Vereinigten Ostindischen Kompanie und der Jahreszahl 1669). Von 1640 bis 1796 drückten die Holländer dem Viertel ihren Stempel auf. Sie bauten die Festung aus und errichteten Kirchen (unbedingt in die *Groote Kerk* gehen, 1754 erbaut, neben dem New Oriental). Bummeln Sie vom Leuchtturm aus an der großen Moschee vorbei (früher eine Kirche) durch die Straßen *Leyn Baan, Church* und *Church Cross!*

MUSEUM

Historisches Herrenhaus
Der muslimische Kaufmann Gaffar hat hier zusammengetragen, was einst zu einem holländischen Haushalt gehörte. Außerdem gibt es eine Kunstgalerie und einen Antikladen. *Tgl. 9–18 Uhr, Eintritt frei, 31–39, Leyn Baan Str.*

EINKAUFEN

Fliegende Händler bieten im Fortviertel Spitzentischdecken und Schnitzereien an. In den Gassen lassen sich hübsche Geschäfte entdecken. Einige Juwelenhändler arbeiten mit Kunsthandwerkern zusammen. *A. R. M. Cassim (57, Leyn Baan St.)* bietet schöne alte Stücke an.

HOTELS

Closenberg

Einst die Villa des Hafenkapitäns Bailey, seit Anfang des 20. Jhs. ein Hotel mit Traumblick über die Bucht. Tipp: Setzen Sie sich zum Sundowner auf die Veranda. Das Haus bietet 21 Zimmer mit Balkon oder Terrasse, die meisten im gelungenen Anbau von 1984. *Magalle, Tel. 09/ 322 41, Fax 322 41, Kategorie 3 (Restaurant Kategorie 2)*

Lighthouse Hotel

Brandneu ist das erste Themenhotel Sri Lankas. Die Gebäude imitieren den holländischen Kolonialstil des 18. Jhs. *60 Zi., 30 Bungalows, Reservierung über Jetwing Hotels: 01/34 57 00, Fax 34 57 29, Kategorie 2–3*

New Oriental

Ein Muss für jeden Galle-Besucher – und sei es nur auf einen Drink. Aber schauen Sie auch in den Garten (Pool)! Das alte holländische Kolonialhaus mit seinen 35 Zimmern strahlt den morbiden Charme der Tropen aus. *10, Church St., Tel./Fax 09/ 345 91, Kategorie 3*

ZIELE IN DER UMGEBUNG

Unawatuna (122/C6)

2 km südlich von Galle liegt die Strandbucht, mit lebhaftem Badebetrieb, vielen Gästehäusern, Restaurants und Boutiquen. Das *Unawatuna Beach Resort* ist mit 52 Zimmern die größte Anlage *(Tel. 09/313 67, Fax 322 47, E-Mail ubr @sri.lanka.net, Kategorie 3)*. Bei *Miltons (Tel./Fax 09/533 12, Kategorie 2)* bekommen Sie hervorragende Meeresfrüchte. 28 Gästezimmer.

Koggala (123/D6)

18 km südlich von Galle liegt dieses Fischerdorf mit einem Strand,

Sonnenanbeterinnen am Strand von Unawatuna

der sich bis Ahangama hinzieht. Dort lassen sich, wie in Weligama, manchmal noch die berühmten Stelzenfischer fotografieren. Hier lohnt ein Abstecher zum Tempel *Katulawa,* 3 km landeinwärts von Ahangama: schöne Wandmalereien aus dem 18. Jh. Interessant: ein Blick ins *Volkskundemuseum* des empfehlenswerten *Hotel Horizon (Tel. 09/ 532 29, Fax 532 99, Kategorie 3).*

Weligama (123/D6)
Von den Stelzenfischern ist hier nur noch wenig zu sehen. Wer fotografieren will, muss dafür zahlen: Angehörige der letzten Stockangler treiben den Obolus (etwa 100 Rps.) hartnäckig ein. Mitten im Ort liegt ein angenehmes Resthouse. Von dort haben Sie einen schönen Blick auf das Inselchen Taprobane, auf das sich ein Franzose vor 60 Jahren sein Traumhaus baute.

MATARA

(123/E6) An der Endstation der Eisenbahn von Colombo liegt der lebhafte Handelsort, der sich viel von der ursprünglichen Atmosphäre des alten Ceylon bewahrt hat. Sehenswert: das alte Fort der Holländer mit Uhrturm und die kleinere Sternenfestung, heute Bibliothek und Museum antiker Gemälde, sowie eine 39 m hohe, sehr bunte Buddhafigur. 6 km weiter südlich: *Dondra Head,* die Südspitze Sri Lankas (Leuchtturm, buddhistisches Kloster). 12 km ostwärts, auf halbem Weg zu den Traumstränden bei Tangalla, lohnt ein Abstecher nach *Dickwella.* Dort ragt *Wewurukannala,* die größte Buddhastatue der Insel, aus dem Palmengrün (50 m hoch). Zu ihr gehört ein zehnstöckiges Gebäude, das in den Kopf der Figur führt und mit Szenen aus dem Leben Buddhas ausgemalt ist. Auf gute Taten setzt auch das *Turtle Conservation Project (TCP)* bei Renuka/Tangalla, das sich das Überleben der fünf heimischen Meeresschildkröten-Arten zur Aufgabe macht. Gäste können hier am »Turtle Night Watch«-Programm teilnehmen *(Info-Tel. 047/405 81).*

HAMBANTOTA

(124/B5) Das Muslimstädtchen mit 10 000 Einwohnern hat nicht viel zu bieten. Dafür geht es an der Strandbucht um so farbenfroher zu: Morgens und abends machen sich die Fischer an ihren Booten zu schaffen, laden den Fang aus und holen Netze ein.

ZIELE IN DER UMGEBUNG

Tissamaharama (124/C4)
Der Ort liegt gut 25 km von der Küste und 18 km vom Tor zum Yala Park entfernt. Dagobas und Ruinen erinnern daran, dass von hier aus einst das südliche Singhalesenreich Ruhuna regiert wurde. Dicht beim sehr schön an einem See gelegenen Resthouse ragt die größte Dagoba aus dem Ruinenfeld. Sie heißt wie der Ort Tissamaharama und stammt aus dem 1. Jh. v. Chr. Die Süßwasserreservoire *(Wewas)* der Umgebung sind Paradiese für Wasservögel und ihre Beobachter.

Kataragama (124/C4)
Nur einmal im Jahr lohnt hier ein längerer Aufenthalt: Zum Esala-Vollmond (Juli/August) strömen hunderttausende zum hindui-

Yala National Park – der Büffel hat seinen Durst gelöscht

stisch-buddhistischen Fest des Kriegsgottes Skanda, der auch Kataragama genannt wird. Im Mittelpunkt stehen dabei Feuerläufer und Büßer, die sich in Trance kasteien, ihre Zungen durchstechen oder sich an Haken, die im Fleisch stecken, »aufhängen« lassen. – Außerhalb der Festwoche sind nicht die Hindutempel am Menikfluss das erste Ziel der meisten Besucher, sondern die Garagen, in denen die Geländewagen für eine Fahrt durch den Yala Park vermietet werden *(3 Std. mit Fahrer kosten ab 1800 Rps.)*.

YALA NATIONAL PARK

(124/C2–3, 125/D–E2–4) ★ Mit afrikanischen Safariabenteuern sind die Halbtagsfahrten durch den Yala Park nicht zu vergleichen. Nur wer das Landschaftserlebnis über die Tierbeobachtung stellt, wird nicht enttäuscht sein: Dornbuschsavanne, viele Seen und Brackwasser. Pirschfahrten am Nachmittag sind ergiebiger als am Morgen. Fahrer und Ranger werden sich bemühen, Ihnen Elefanten zu zeigen. Leoparden sind selten, Büffel, Hirsche, Wildschweine, Leguane, Mungos und viele Großvögel (Adler, Kormorane, Pelikane, bunte Storchenarten) dagegen reichlich zu sehen. Auf den Pisten fahren oftmals drei, vier Jeeps hintereinander. Querfeldeinfahrten sind nicht erlaubt.

Unmittelbar südlich von Tissa, wie Tissamaharama vor Ort genannt wird, erstreckt sich überdies Sri Lankas neuester Nationalpark: Der *Bundala National Park* **(120/C5)** beherbergt 149 Vogelarten, ein großer Teil davon Zugvögel. *Für beide Nationalparks gilt: Eintritt 12 $, Gebühr für den Ranger 6 $ (Pflicht) plus Kosten für den Geländewagen (mindestens 50 Mark); Fahrer und Ranger erwarten ein Trinkgeld (jeweils ca. 150 Rps.).*

HOTEL

Yala Safari Beach
Wie das Browns Beach, 2 km entfernt, ist auch dieses Hotel nur über Pisten zu erreichen. *60 Zi., Tel. 047/204 71, Fax für Reservierung 01/34 57 29, E-Mail jethot@sri.lanka.net, Kategorie 3*

Das Kleinod der Singhalesen

Ein Eckzahn des Erleuchteten, eine immergrüne Umgebung und ein Besuch im Waisenhaus für Elefanten

Wer aus Richtung Dambulla oder Matale, also von Norden kommend, in diese Stadt einfährt, die ja ein Höhepunkt jeder kulturgeschichtlichen Inselrundfahrt sein soll, wird sich erschrecken: Spätestens im Vorort Katugastota nimmt der Verkehr chaotische Ausmaße an. Die Straße ist von Werkstätten und Autohalden gesäumt, die Luft von Benzingeruch und Abgasen gesättigt. Und im berühmten Zahntempel schieben sich am frühen Abend Gläubige und Touristen in die Nähe der Reliquie. Rund ums Heiligtum drängen sich »Führer« und Verkäufer aller Art den Besuchern auf.

Wer hingegen an einem frühen Morgen, vielleicht im Februar, wenn die Luft besonders frisch und klar ist, von einem Hügel auf die Stadt und den Tempel in ihrer Mitte schaut, wird fasziniert sein: Kandy, mit einem See in der Mitte, liegt vor einer üppig grünen Bergkulisse. Im Vordergrund blühen die schönsten Tropenblumen, aus dem Tal klingen die hellen Glocken verschiedener Klöster herauf, manchmal hört man den Singsang der Mönche bis zum *Castle Hill (Wace Park)* hinauf, einem beliebten Aussichtspunkt über der heiligen Stadt. Und vorhin im Tempel, bei der ersten Zeremonie des Tages, war es sanft zugegangen und anrührend.

Dalada Maligawa – der Zahntempel hütet das kostbarste Heiligtum Sri Lankas

Kandy ist also eine Großstadt (mit Vororten 140 000 Ew.), die am Verkehr zu ersticken droht. Und es ist doch zugleich noch immer die schönste Stadt der Insel, eine der schönsten in Asien. Ganz ohne Zweifel aber ist Kandy der am meisten verehrte Ort in Sri Lanka. Auch seine Bedeutung für das Geschichts- und Nationalbewusstsein der Bevölkerungsmehrheit steht außer Frage. Etwa 300 Jahre lang, zwischen 1500 und 1800, ging von der letzten Königsstadt der singhalesische Widerstand gegen die europäischen Eindringlinge aus. Und natürlich hat auch die landschaftliche Lage zum Ruhm Kandys beigetragen: 500 m hoch in einem immergrünen Becken gelegen, umgürtet vom größten Fluss des Landes, dem Ma-

MARCO POLO TIPPS FÜR KANDY

1 Dalada Maligawa (Zahntempel)
Das religiöse Zentrum des Landes, das kostbarste Heiligtum Sri Lankas, Endstation einer sagenhaften Odyssee (Seite 59)

2 Aluvihara
In diesem schönen Felsenkloster ritzen Mönche heilige Texte in Palmblätter (Seite 63)

3 Botanischer Garten Peradeniya
Gezähmte Wunder der Natur im Vorort Peradeniya: Palmenalleen, Orchideengärten, Farn- und Bambuswälder (Seite 63)

4 Pinnawela
Lieblingsstopp für Reisegruppen und Fotofreunde: der Badeplatz der Elefantenkinder in Pinnawela (Seite 63)

haweli. Temperaturen von durchschnittlich 20 Grad zeichnen das angenehm frische Klima im Hügelland von Kandy aus. Es geht nach Südosten zu in das zentrale Bergland über. Der Teeteppich, der weite Teile davon bedeckt, gehört zu den herausragenden Landschaftserlebnissen einer Sri-Lanka-Rundreise.

Erst nach 1590 – Anuradhapura und Polonnaruwa, die Metropolen der Antike, waren längst vom Urwald überwuchert – trat Kandy in die Geschichte von Sri Lanka ein. Zwei miteinander verknüpfte Ereignisse waren dafür die Ursache: Singhalesische Herrscher aus dem Tiefland, auf der Flucht vor den Portugiesen, machten die Stadt in den Hügeln zur Hauptstadt. Der linke obere Eckzahn Buddhas, eine besonders wichtige Reliquie der Buddhisten in aller Welt, hatte um die gleiche Zeit in Kandy einen neuen, sicheren Schrein gefunden.

Dieser Zahn ist angeblich 5 cm lang. Er soll auf einem goldenen Lotossockel ruhen. Das Allerheiligste selbst ist nicht zu sehen. Immerhin können Pilger und andere Besucher dreimal am Tag einen Blick auf die äußere von sieben vergoldeten Umhüllungen werfen. Sie sind alle wie eine Dagoba gestaltet und passen wie die russischen Puppen in der Puppe ineinander. Der Zahn, zusammen mit dem Schlüsselbein und anderen Reliquien nach dem Tode Buddhas um 480 v. Chr. aus der Asche des Erleuchteten geborgen, war oft gefährdet. Ein indischer König hat zu Beginn der legendären Zahngeschichte auf vielfältige Weise versucht, ihn zu zerstören. Aber immer neue Wunder retteten den Zahn des Erleuchteten. Ein Beispiel nur: Als der Herrscher das Kleinod der Buddhisten verbrennen wollte, wuchs aus den Flammen eine Lotosblüte. Schützend wie ein Mantel legten sich die Blütenblätter um den Zahn. Eine Königstochter soll ihn schließlich in ihrem Haar versteckt auf die Insel Lanka gebracht haben. Gut

600 Jahre wurde er in Anuradhapura verehrt. Immer wieder musste er nach dem Niedergang dieser Stadt vor kriegerischen Wirren in Sicherheit gebracht werden: in verschiedene Tempel von Polonnaruwa, aber auch nach Ruhuna, Yapahuwa, Kurunegala und Kotte. Einmal im Jahr, zum Esala-Vollmond im Hochsommer, wird eine Kopie der Reliquie auf einem besonders großen, prachtvoll geschmückten Elefanten durch Kandy getragen – der Höhepunkt der berühmten *Perahera* (Prozession).

Tradition und Brauchtum werden in Kandy intensiver als in jedem anderen Ort auf der Insel gepflegt. An mehreren Stellen können Besucher allabendlich die alten Tänze, dargeboten von Künstlern in farbenfrohen Kostümen, bewundern. Auch das Kunsthandwerk hat in Kandy einen hohen Stellenwert. (**119/E4**)

BESICHTIGUNGEN

☛ **Stadtplan auf Seite 61**

Dalada Maligawa (Zahntempel)

★ Dieser Tempel hütet das kostbarste Heiligtum Sri Lankas, einen Eckzahn Buddhas. Die Reliquie gilt den Singhalesen auch als ein Symbol ihrer Macht. Eine solche Bedeutung sieht man dem verschachtelten Gebäude zunächst nicht an. Es wirkt wie eine Mischung aus Palast und Kloster, architektonisch eher ungeordnet, kunsthistorisch von zweitrangiger Bedeutung. Das Gebäude in seiner heutigen Form stammt aus dem 18. Jh. Der markante achteckige Turm, der dem Bau Ausdruck verleiht, wurde sogar erst zu Beginn des 19. Jhs. angefügt. Er enthält eine Bibliothek mit der wichtigsten Sammlung alter Palmblattmanuskripte.

So wenig pompös der Tempel von außen wirkt, so üppig ist er im Innern ausgestattet: mit Fresken, wunderschön verzierten Türen und anderen schmückenden Elementen. Vor dem Schrein mit der Zahnreliquie (im Obergeschoss) legen die Gläubigen zu allen Zeiten Blumen nieder. Der Strom der Besucher schwillt dreimal am Tag an. Dann werden die silberbeschlagenen Türen zum Allerheiligsten unter Trommelwirbel für jeweils etwa eine Stunde geöffnet. In einer langsamen Prozession schiebt sich die Menge – ein Besucher hinter dem anderen – vorbei, um einen Blick auf die goldenen Dagobas zu werfen, unter denen der Zahn ruht. Der Tempel, der in alten Reisebüchern oft als ein Labyrinth im Dämmerlicht beschrieben wurde, ist seit über 20 Jahren gut ausgeleuchtet. Lampen, Neonröhren und alle weiteren Anlagen zur Innenbeleuchtung stiftete die Bundesrepublik Deutschland in der Ära der Premierministerin Bandaranaike.

Vom Palastbezirk, der mit dem Tempel verbunden war, sind nur zwei Relikte geblieben: die offene Audienzhalle, in der 1815 die Konvention von Kandy unterzeichnet wurde (der König wurde für abgesetzt erklärt, sein Reich fiel offiziell an die britische Krone), sowie die Gebäude, in denen heute die Museen untergebracht sind.

Dalada Maligawa, Dalada Vidiya (am Seeufer), Eintritt 150 Rps., Fotografiererlaubnis 50 Rps.; der Tempel ist rund um die Uhr geöffnet; Puja-Zeiten (religiöse Zeremonien): tgl. 5.30, 9.30 und 18.30 Uhr

Kiri Muhada (Milchsee)
Der künstliche See im Zentrum verleiht der Stadt ihren besonderen Reiz. Der letzte Singhalesenkönig, Sri Wikrama Raja Singha, ließ ihn 1812 anlegen. Er nannte ihn *Kiri Muhada,* Milchsee, nach einem Begriff aus einer Schöpfungslegende des Buddhismus. Auf dem Inselchen in der Seemitte sollen einst die Gemächer der königlichen Gespielinnen gewesen sein, angeblich mit dem Palast durch einen unterirdischen Gang verbunden. Später stand hier ein Munitionsdepot der Briten. Sehr zu empfehlen ist ein Spaziergang um den See herum (4 km).

Maha Devala (Hindutempel)
Von den vier großen Hinduschreinen in der Stadt *(Devalas)* ist der Vishnutempel, auch Maha Devala genannt, der schönste und bedeutendste. Hier wird der Welterhalter der Hindus auch von Buddhisten verehrt: in seiner Rolle als Herr der Elefanten und als *Upulvan,* Beschützer der Insel Lanka. Der Tempel liegt gegenüber dem Archäologischen Museum, dicht beim Zahntempel. Ein Mondstein und Malereien im Innern lohnen die Besichtigung. *Raja Vidiya, tgl. 5–21 Uhr*

MUSEEN

Archäologisches Museum
Der Name verspricht zuviel. Eigentlich nur eine bessere Abstellkammer für die angrenzenden Ausgrabungen. *Palace Sq., tgl. außer Di 9–17 Uhr, Eintritt 50 Rps.*

Nationalmuseum
Es ist Teil des alten Palastes (hinter dem Tempel). Ausgestellt sind u. a. volkskundliche Gegenstände, Kostüme von Würdenträgern und eine Kopie der Kandy-Konvention von 1815. *Sa–Do 9–17 Uhr; Eintritt 50 Rps.*

RESTAURANTS

Alle nennenswerten Lokale gehören zu Hotels. Wer in kolonialer Atmosphäre frühstücken (oder günstig zu Abend essen) will, wird sich im *Old Empire (21, Temple St.; schräg gegenüber vom Eingang zum Queens Hotel, auf dem Weg zum Tempel, Kategorie 3)* wohl fühlen. Etwas außerhalb, mit traumhaftem Blick auf den Mahawelifluss, reichhaltigem Mittagsbüfett, aber vielen Gruppen: *Citadel (124, Srimath Ratwatte Maw., Kategorie 2).* Oase im Basarbetrieb: *Shangrila (37, Yatinuwara Veediya, Kategorie 3)* – Sri Lankas authetischste südindische Spezialitäten wie *Dosa-Crêpes* oder die Linsenmehlbällchen *Idli.* Zwischen Markt, Busterminal, Post, Queens und Tempel befinden sich einige einfache Chinesen oder Imbissrestaurants, alle *Kategorie 3.*

EINKAUFEN

Arts & Crafts Association
Handwerkerzentrum. Es ist nicht mehr so gut wie früher, aber immer noch können Sie Töpfern, Webern, Klöpplerinnen zuschauen. Das Angebot ist so reichhaltig wie bei Laksala in Colombo. Feste Preise. *Mo–Fr 9–16 Uhr, mittags lange Pausen, 72, Victoria Drive (am Milchsee)*

Markt
Obst, Gewürze, Körbe, kleine Schnitzereien kaufen Sie gut und

billig (handeln!) in der Markthalle und auf dem Markt davor, an der *Hiragaderea Maw. im Zentrum. Tgl. außer So 7–15 Uhr (manche Stände haben auch So geöffnet)*

HOTELS

Anders als in Colombo, Galle oder Nuwara Eliya haben die Traditionshotels in Kandy allzu viel vom alten Glanz verloren. Wer in der einstigen Nobelherberge *Queens* übernachten will, muss sich auf dunkle Flure und muffige Zimmer einrichten. Das Haus liegt mitten in der Stadt am See, in Sichtweite vom Tempel. Ein Blick in die Lobby dieses Hauses oder ein Drink in der Bar, mit Blick auf den verwunschenen Poolgarten, lohnt aber allemal. Viel schöner wohnen Sie auf den Hügeln oder außerhalb.

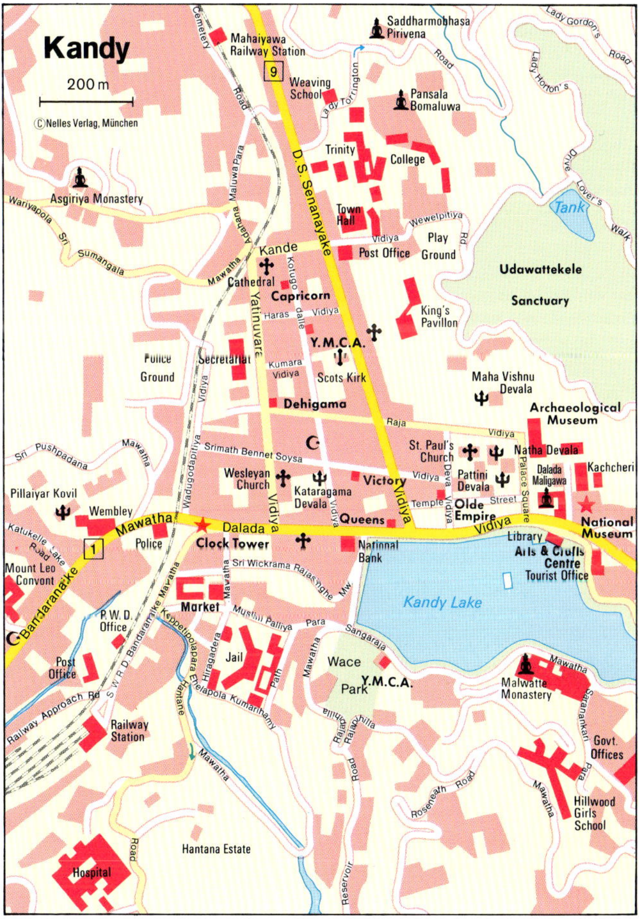

Citadel
Zehn Autominuten außerhalb am Fluss gelegen. Schöner Garten mit Pool, betriebsame Gruppenatmosphäre. *121 Zi., 124, Srimath K. Ratwatte Maw., Tel. 08/23 43 66, Fax 23 20 85, Kategorie 2*

Hilltop
Isoliert auf einem Hügel gelegen, mit weitem Blick auf Kandy, Pool. *82 Zi., 200/21, Bahirakawanda, Peradeniya Rd., Tel. 08/23 43 17, Fax 23 24 59, Kategorie 2*

Mahaweli Reach
Sehr schöne Anlage am Flussufer, bei Rundreise- und Individualgästen gleichermaßen beliebt. *115 Zi., 35 Weerakoon Maw., Tel. 08/23 20 62, Fax 23 20 68, E-Mail mareach@slt.lk, Kategorie 2*

Suisse
Bestes Kolonialstilhotel Kandys. Direkt am Seeufer gelegen, dennoch ruhig. Der Swimmingpool bietet einen Blick auf den Tempel. *100 Zi., 30, Singaraja Maw., Tel. 08/23 30 24-5, Fax 23 20 83, Kategorie 2*

Topaz
Ähnlich gelegen wie das Hilltop, die Atmosphäre ist vielleicht einen Hauch eleganter. *75 Zi., Anniewatte, Tel. 08/22 41 50, Fax 23 20 73, Kategorie 2*

AM ABEND

Clubs oder Diskotheken werden Sie vergeblich suchen. Die einzige Abendunterhaltung sind die Vorführungen der Kandy-Tänzer, beispielsweise im Kulturzentrum hinter dem »Handwerkerdorf« der Arts & Craft Association (am See), im *Lake Club* und in den Hallen des Roten Kreuzes sowie der *YMBA (Young Men's Buddhist Association, tgl. 19.30 Uhr, 150 Rps.).*

AUSKUNFT

Touristenbüro
In der ehemaligen Headman's Lodge (auf halbem Weg zwischen Tempel und Queen's Hotel): *Kandy Travel Information, 3, Deva Veediya, Mo–Fr 9–13 und 13.30–16.45 Uhr, Tel. 08/22 26 61*

Diesen botanischen Garten halten manche für den schönsten der Welt

Buddhist Publication Society
Wer an religiösen Fragen oder an Meditation interessiert ist, bekommt hier Informationen und (zu niedrigen Preisen) Broschüren und Bücher zum Thema. *Mo–Fr 9–17 Uhr, 54, Sangharaja Maw.*

ZIELE IN DER UMGEBUNG

Aluvihara **(119/E3)**
★ Felsenkloster von großer historischer Bedeutung, vor 2000 Jahren Schauplatz eines Konzils. Hier wurde zum ersten Mal Buddhas Lehre schriftlich niedergelegt. Noch immer ritzen Mönche nach traditioneller Art heilige Texte in Palmblätter *(Ola). A 9, nördlich von Matale, keine festen Besuchszeiten, am besten vormittags*

Botanischer Garten Peradeniya **(119/E4)**
★ ◎ Weit gereiste Pflanzenliebhaber halten diesen Park am südlichen Stadtrand für den schönsten botanischen Garten der Welt. Die Anlage, 1824 von den Briten am Platz ehemaliger königlicher Lustgärten eingerichtet, besticht durch Großzügigkeit und Vielfalt: Palmenalleen, Bambuswälder und Picknickplätze, die von Einheimischen besonders an Wochenenden genutzt werden. Der Vorort Peradeniya ist auch Sitz der größten Universität des Landes. *A 5 Richtung Gampola, 6 km vom Zentrum, tgl. 7.30–17 Uhr, 130 Rps.; im Resthouse gegenüber vom Eingang isst man gut und preiswert*

Kurunegala **(119/D3)**
Vor der Portugiesenzeit kurzfristig Königsstadt und damit Ort eines Zahntempels. Lebhafte, hübsch gelegene Kreisstadt. Rastmöglichkeit auf dem langen Weg

Badestunden der kleinen Elefanten

nach Anuradhapura: das *Hotel Diya Dahara* am See *(7, North Lake Rd., Kategorie 3)* serviert gutes Curry.

Matale **(119/E3)**
Äußerst geschäftige Distrikthauptstadt, 25 km nördlich von Kandy, Zentrum der Lackarbeiten auf Holz, viele Gewürzgärten (Kräuter- und Ayurveda-Shops). Sehenswert: der Hindutempel *Sri Muthumariman* an der Hauptstraße. Etwa 15 km nach Osten, beim Dorf Elkaduwa, liegt auf 900 m Höhe ein besonders angenehmes Hotel: *Hunas Falls (31 Zi., Tel. 08/764 02-3, Fax 071/351 34, Kategorie 2),* 1992 renoviert.

Pinnawela **(119/D4)**
★ Im sogenannten Waisenhaus für Elefanten werden seit 1975 Jungtiere aufgezogen, die angeblich den Kontakt zu ihren Muttertieren oder zur Herde verloren haben. Beliebte Fotomotive: das Bad der Tiere im Oyafluss *(ca. 10–11.30 Uhr)* und das anschließende Füttern mit der Babyflasche im Freigelände. Sehr touristisch! *Von der A 1 in Richtung Ambukkane, 5 km bis Pinnawela. Restaurant am Badeplatz und Resthouse. Tgl. 8–18 Uhr, 75 Rps.*

Hochkultur im Urwald

Der heilige Baum des Buddhismus, die Wassertanks der alten Könige, der steile Weg zu den Wolkenmädchen von Sigiriya

Der Weg nach Norden zieht sich in die Länge. Urwald wuchert rechts und links der Straße, immer seltener unterbrechen Siedlungen das Graugrün des niedrigen Dschungels. Wenig erinnert hier, in der nördlichen Landesmitte, an die hellen Tropenlandschaften des Südens oder an das silbrig glänzende Grün der Reisterrassen in der Region um Kandy. Und doch birgt dieses trockene, heiße Land der Könige *(Rajarata)* alle Hochburgen der srilankischen Kultur: Ruinenstädte wie Anuradhapura und Polonnaruwa, die vor zweitausend und vor tausend Jahren kosmopolitische Zentren von großer Pracht und Herrlichkeit waren; Kunstwerke wie die vielen Dagobas, die in ihrer Bedeutung und ihrer Ausstrahlung durchaus mit den Pyramiden und den anderen Weltwundern rund ums Mittelmeer verglichen werden dürfen; wunderschöne Felsmalereien wie die Wolkenmädchen von Sigiriya oder die Buddhas in den Höhlen von Dambulla; schließlich Mihintale und der Heilige Baum in Anuradhapura, die beiden Geburtsstätten des Buddhismus auf der Insel. Aus dieser Religion haben die Könige und die Künstler, die Architekten und die Arbeiter ihre geistige Kraft bezogen.

Seit 2000 Jahren sind Mönche dabei, die berühmten Felsengrotten von Dambulla auszumalen und zu schmücken

Ein raffiniertes Bewässerungssystem, das die Fachleute heute noch staunen lässt, sicherte seinerzeit das Leben in diesem Teil des Inselinneren. Einige der künstlichen Seen aus der Antike – von den Engländern *Tanks*, von den Singhalesen *Wewa* genannt – sind in den letzten Jahrzehnten reaktiviert worden. Sie und die nicht reaktivierten Wewas machen den landschaftlichen Reiz dieser Region aus, die ansonsten geprägt ist durch Felsen, die unvermittelt aus dem flachen Grün zu wachsen scheinen, durch Dschungel, nach Osten zu auch durch offene Savanne, in der wilde Elefanten leben. Auf wenig befahrenen Nebenwegen sieht man die Dickhäuter zuweilen über die Fahrbahn schreiten.

MARCO POLO TIPPS FÜR ANTIKE STÄTTEN

1 Bodhibaum (Sri Maha Bodhi)
Der Ableger von Buddhas Baum der Erleuchtung. Vermutlich der älteste, ganz sicher der heiligste Baum der Welt (Seite 67)

2 Höhlen von Dambulla
Statuen und Wandmalereien, von Mönchen über die Jahrhunderte in fünf Felsenhöhlen gearbeitet (Seite 71)

3 Gal Vihara
Diese Buddhastatuen, im 12. Jh. aus dem Fels gemeißelt, ziehen alle Besucher in den Bann (Seite 74)

4 Sigiriya: Wolkenmädchen und Felsen
Kultur und Natur sind beeindruckend. Der steile Anstieg auf den Felsen gehört zu den großen Erlebnissen einer Sri-Lanka-Rundreise (Seite 76)

Mehr Straßensperren, Lastwagenkonvois und Militärlager als in anderen Landesteilen erinnern daran, dass nördlich von Anuradhapura und östlich von Polonnaruwa die Unruhegebiete beginnen. Die alten Königsstädte und die anderen Ziele der Pilger und Touristen im Rajarata dürfen nach den Erfahrungen der letzten Jahre als sicher gelten.

ANURADHAPURA

☛ Stadtplan auf Seite 68

(115/D-E4) Diese älteste und bedeutendste Königsstadt war über tausend Jahre (vom 2. Jh. v. Chr. bis 1017) Hauptstadt eines singhalesischen Reiches. Alle Sehenswürdigkeiten im weiträumigen Ruinenfeld – mehr als 40 qkm – stammen aus jener Zeit. Es sind fast ausschließlich Relikte sakraler Bauwerke, denn damals wurden nur Tempel, Klöster, Dagobas, ihre Einfriedungen, Hallen und Höfe aus Stein gebaut. Von den Lehmhütten und Holzpalästen aus der Antike ist so gut wie nichts übrig geblieben, aber Mauern und Grundrisse lassen ahnen, was für eine blühende Metropole hier einst gestanden haben muss. Drei große Tanks (künstliche Seen) lieferten schon damals das notwendige Wasser. Nach 1017, als tamilische Invasoren aus Südindien die Stadt zerstörten, geriet Anuradhapura ins Abseits. Wohl überwucherte der Urwald die Ruinen der meisten Tempel, aber die Reisbauern der Umgebung vergaßen keineswegs das wichtigste Heiligtum des buddhistischen Zentrums. Sie pflegten weiterhin den Ableger jenes Baumes, unter dem Buddha die Erleuchtung gefunden hatte. Die Engländer »entdeckten« die alte Königsstadt 1820, vor hundert Jahren begannen sie mit den Ausgrabungen. Heute zieht der heilige Bezirk von Anaradhapura wieder buddhistische Pilger und Kulturreisende aus aller Welt an.

Die moderne Stadt neben dem parkähnlichen Ruinenfeld hat etwa 50 000 Einwohner. Sie ist gesichtslos und bietet keinerlei Anziehungspunkte.

BESICHTIGUNGEN

Die wichtigsten Dagobas, aber auch die drei großen, landschaftlich reizvollen Stauseen im alten Teil der Stadt liegen ziemlich weit auseinander. Wer nicht ins Zeitkorsett einer Gruppe eingeschnürt ist, sollte den heiligen Bezirk und seine Sehenswürdigkeiten mit dem Fahrrad erkunden. Als idealer Ausgangspunkt bietet sich das *Tissawewa Resthouse* an: Dort werden Räder vermietet: *halbtags ca. 60, ganztägig 100 Rps. Die Gesamtanlage ist tgl. geöffnet, Eintritt mit dem Sammelticket »Kulturelles Dreieck« (37,50 $) oder mit dem Anuradhapura-Ticket (15 $), s. Kapitel »Praktische Hinweise«.*

Abhayagiri

Der gewaltige Tempelkomplex aus dem 1. Jh. v. Chr. war damals Zentrum des Mahayana-Buddhismus, einer Reformrichtung. Im Mittelpunkt eine große Dagoba, die noch weitgehend überwachsen ist. Ihre Restaurierung liegt der Unesco, die so etwas wie die segensreiche Schutzpatronin von Anuradhapura ist, besonders am Herzen. Zum Komplex gehören die Statue eines meditierenden Buddhas *(Samadhi-Buddha),* ein besonders schönes antikes Reinigungsbad (*Kuttam Pokuna,* d. h. Doppelbad; von steinernen Lotosvasen begrenzt), Reste eines mönchischen Versammlungshauses (*Edelsteinpalast* aus dem 8. Jh.) und eines Statuenhauses *(Mahasena-Palast),* vor dessen Eingangsstufen der eindrucksvollste Mondstein der Insel zu bewundern ist, ein steinerner Halbkreis mit Tier- und Pflanzenornamenten.

Bodhibaum (Sri Maha Bodhi)

★ Unter einem solchen Feigenbaum *(ficus religiosa)* wurde Gautama Siddharta um 528 v. Chr. in Nordindien zum Erleuchteten, also zum Buddha. Seither gilt dieser Baum als heilig. Er wird in ganz Südostasien Bodhibaum

Einer der vor 2000 Jahren angelegten, künstlichen Seen (Tanks)

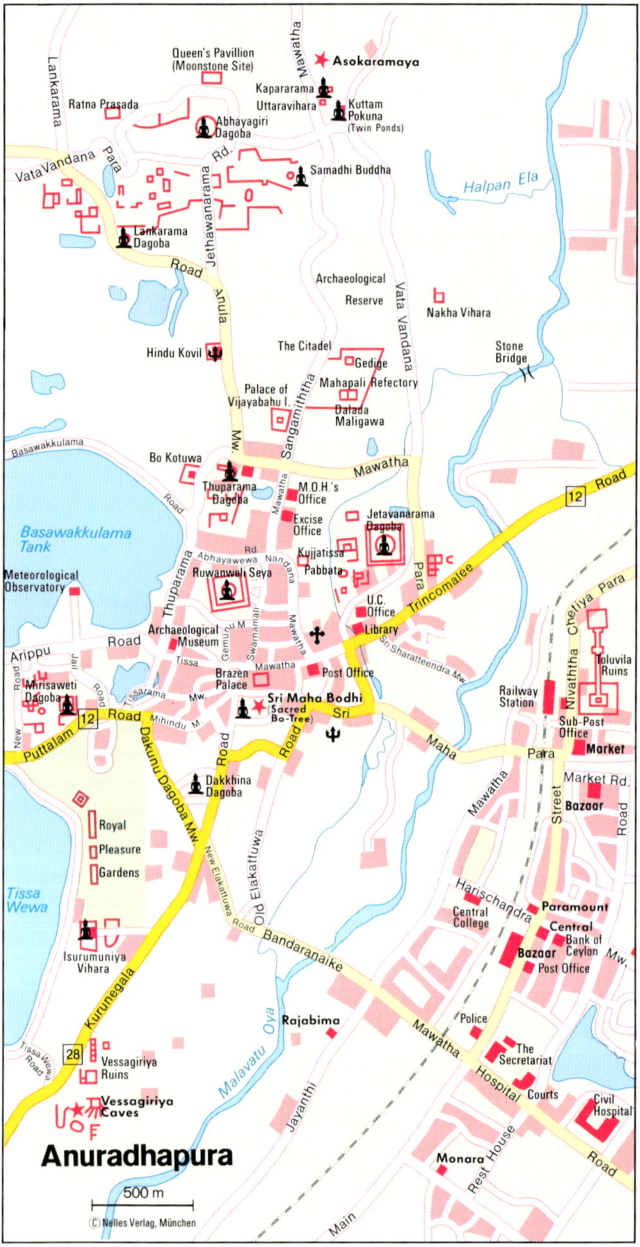
Anuradhapura
500 m
© Nelles Verlag, München
Queen's Pavillion (Moonstone Site)
Asokaramaya
Kaparamaya
Uttaravihara
Kuttam Pokuna (Twin Ponds)
Ratna Prasada
Abhayagiri Dagoba
Samadhi Buddha
Lankarama Dagoba
Halpan Ela
Archaeological Reserve
Nakha Vihara
Hindu Kovil
The Citadel
Gedige
Mahapali Refectory
Dalada Maligawa
Palace of Vijayabahu I.
Stone Bridge
Bo Kotuwa
Thuparama Dagoba
M.O.H.'s Office
Excise Office
Jetavanarama Dagoba
Kujjatissa Pabbata
Basawakkulama Tank
Meteorological Observatory
Ruwanweli Seya
U.C. Office
Library
Archaeological Museum
Brazen Palace
Post Office
Sri Maha Bodhi (Sacred Bo-Tree)
Mirisaweti Dagoba
Railway Station
Toluvila Ruins
Sub-Post Office
Market
Bazaar
Dakkhina Dagoba
Royal Pleasure Gardens
Tissa Wewa
Isurumuniya Vihara
Central College
Paramount
Central
Bank of Ceylon
Bazaar
Post Office
Rajabima
Police
The Secretariat
Courts
Civil Hospital
Vessagiriya Ruins
Vessagiriya Caves
Monara
Malavatu Oya
Lankarama
Vata Vandana Para
Jethawanarama Rd.
Anula Road
Mawatha
Vata Vandana Para
Sangamiththa Mw.
Basawakkulama Road
Mawatha
Trincomalee Road
Chetiya Para
Nivaththa Street
Abhayawewa Rd.
Nandana Mawatha
Thuparama
Swarnamali
Gemunu M.
Tissa Mawatha
Arippu Road
Jail Road
New Road
Tissarama Mw.
Mihindu M.
Puttalam Road
Dakunu Dagoba Mw.
Sri Sharatteendra Mw.
Sri Maha Para
Mawatha
Market Rd.
Road
Harischandra
Mw.
New Elakattuwa Road
Old Elakattuwa
Bandaranaike Mawatha
Hospital Road
Rest House
Main
Jayanthi
Kurunegala
Tissa Wewa Road
12
28

(Baum der Erkenntnis oder der Erleuchtung) genannt. *Sri Maha Bodhi* in Anuradhapura, ein Ableger des historischen Bodhibaumes aus Nordindien, gilt als ältester Baum der Welt. Nur der Zahntempel in Kandy genießt ähnlich große Verehrung bei den Gläubigen. Sri Maha Bodhi, schon lange von eisernen Krücken gestützt, steht auf einem Podest, das ein goldenes Gitter umrahmt. Auf Sri Lanka heißt es: Solange dieser Baum grüne Blätter trägt, so lange blüht auch der Buddhismus auf unserer Insel. Kein Wunder also, dass alles getan wird, um den heiligen Baum zu hegen und zu schützen. Den ganzen Tag über ist er das Ziel vieler Pilger, besonders während der drei Andachtszeremonien, die jeweils durch Trommelwirbel angekündigt werden: *morgens gegen 6, vormittags um 10.30* und, sehr stimmungsvoll wegen der vielen Öllämpchen, die dann angezündet werden, *kurz nach 18 Uhr.*

Isurumuniya

Felsentempel in der Nähe der königlichen Lustgärten, dicht beim See Tissawewa und dem Resthouse. Die Ursprünge liegen im 3. Jh. v. Chr. Wichtige Sehenswürdigkeiten: die Reliefs im Felsen, die badende Elefanten zeigen, und die Plastik »die Liebenden«, ein bildhauerisches Meisterwerk aus dem 5. oder 6. Jh. Es wird im kleinen Museum neben dem Tempel gezeigt.

Jetavanarama

Einst war sie (mit 115 m) die höchste Dagoba im Lande. Heute, überwuchert und die Spitze abgebrochen, misst sie noch knapp 80 m. Der großartige

Tor zum Sri Maha Bodhi: 2000 Jahre alter Baum der Erleuchtung

Kuppelbau aus dem 3. Jh. war Zentrum eines der drei bedeutenden Klöster (die beiden anderen: *Maha Vihara* und *Abhayagiri*).

Mirisavatiya

Wie im Abendland haben auch im Osten die Herrscher Gotteshäuser bauen lassen, wenn es einen Sieg zu feiern galt. König Dutthagamani ließ diese Dagoba um 150 v. Chr. nach seiner Machtübernahme errichten, angeblich über seinem Zepter. Sie liegt nicht weit vom Tissawewa Resthouse entfernt.

Ruwanweli Seya

Diese sehr eindrucksvolle Dagoba von Anuradhapura, auch *Maha Thupa (Große Stupa)* genannt, wurde ebenfalls in der Zeit des Volkshelden Konig *Dutthagamani* erbaut, also im 2. Jh. v. Chr. Ihre Restaurierung begann vor ca. 100 Jahren und wurde erst vor knapp 40 Jahren abgeschlossen. Auf der vergoldeten Spitze glänzt ein Bergkristall, ein Geschenk der Buddhisten aus Burma. Die Außenwand der Plattform schmücken 350 steinerne Elefanten.

Tanks
So werden die künstlichen Seen genannt, die seit der lankischen Antike die Trockenzone im Zentrum der Insel bewässern. Drei große Tanks leuchten aus dem Ruinenfeld von Anuradhapura, darunter der älteste der Insel, *Bassawakkulama,* der vor fast 2500 Jahren gebaut wurde. Die beiden anderen Wewas – so nennen die Singhalesen diese Wunderwerke der Wasserbaukunst – heißen *Tissa Wewa* (ein beliebter Badesee) und *Nuwara Wewa* (ein Eldorado für Wasservögel).

Thuparama
Die älteste Dagoba der Insel wurde von jenem König (Devanampiya Tissa) in Auftrag gegeben, der als erster zum Buddhismus bekehrt worden war. Das jetzige Erscheinungsbild der Kuppel, unter der ein Splitter von Buddhas Schlüsselbein aufbewahrt wird, stammt aus dem Jahr 1862.

Zitadelle
Dieser Komplex grenzt nördlich an die Thuparama-Dagoba. Die noch sichtbaren Mauern umschlossen einst den Königspalast, den Zahntempel und ein Almosenhaus. Davon ist nur ein 8 m langer steinerner Reistrog erhalten geblieben. Aus ihm wurden Bedürftige und Mönche gespeist.

MUSEEN

Archäologisches Museum
Eindrucksvolle Funde aus dem heiligen Bezirk, auf zwei Stockwerken und im Freigelände ausgestellt. *Tgl. außer Di und an Feiertagen, 8–17 Uhr Thuparama Maw. (im Hl. Bezirk)*

Isurumuniya Museum
Neben dem beschriebenen Felsentempel. Viele schöne Skulpturen, herausragend das weltberühmte Relief »die Liebenden« – Poesie in Stein. *Tgl. außer an Feiertagen, 8–17 Uhr*

Volkskundemuseum
Musikinstrumente und Kostüme, Medizin sowie Gegenstände aus Handwerk, Landwirtschaft und Küche. *Tgl. außer Di, Fr und an Feiertagen, 9–17 Uhr*

RESTAURANT

Am besten isst man in den größeren Hotels. Gute chinesische Küche bietet *Lee's Chinese Guest House (388/25 Harishchandra Mawatha, Kategorie 3).*

HOTELS

Miridiya
Freundliches Haus. Zimmer mit Blick auf den Nuwara-Stausee. *38 Zi., Rowing Club Rd., Tel. 025/221 12, Fax 225 19, Kategorie 3*

Nuwarawewa Resthouse
Nettes Hotel aus den Fünfzigerjahren des 20. Jhs, schön hinter dem Damm des Stausees gelegen; viele Gruppen. *70 Zi. (35 mit A/C), New Town, Tel. 025/225 65, Fax 232 65, Kategorie 3*

o Kondamalie Guest House
Blitzsaubere Zimmer in einem Neubau, sehr bemühter Service. Gutes Verandenrestaurant. *15 Zi., New Harishchandra Mawatha 388/42, Tel. 025/220 29, Kategorie 3*

Tissawewa Resthouse
Eine Lieblingsadresse des Autors: 25 große, aber sehr einfache

Zimmer mit Ventilator an der Decke und Moskitonetz. Zum Haus gehören traumhafte Veranden im Erd- und Obergeschoss, ein Speisezimmer, wo Sie gut und preiswert essen können, sogar ein Swimmingpool und ein Park, in dem Affen und Vögel lärmen. Das Hotel liegt im heiligen Bezirk, deshalb gilt: no alcohol! *30 Zi., Old Town, Tel. 025/222 99, Fax 232 65 (Reservierungen auch über die Firma Quickshaws in Colombo: 01/58 31 33), Kategorie 3*

AUKANA

(**115/E6**) Bei Kekirawa, auf halber Strecke zwischen der Königsstadt Anuradhapura und den Höhlen von Dambulla, wird der Bus oder Mietwagen von der A9 nach Westen abbiegen. Eine Zeitlang geht es am Kalawewa entlang, einem Stausee, der seit 1500 Jahren etwa hundert Dörfer mit Wasser versorgt. Eigentliches Ziel des Abstechers ist der Buddha von Aukana.

BESICHTIGUNG

Die *Figur des segnenden Buddhas* wurde zwischen dem 5. und dem 8. Jh. – über den genauen Zeitpunkt streiten die Gelehrten – aus dem Felsen gemeißelt, an dem sie lehnt. Sie ist mit 12 m die größte freistehende Kolossalplastik in Sri Lanka (mit Sockel misst sie etwa 14 m) –, und sie ist neben den Statuen von Gal Vihare in Polonnaruwa die eindrucksvollste. Daran ändert auch das rote Ziegelgewölbe wenig, das seit einigen Jahren die Statue vor Verfall schützen soll. Kurz vor Sonnenuntergang sind Licht und Stimmung besonders schön.

RESTAURANT

Nicht so aufwendig, aber auch gut und vor allem viel billiger als in den genannten Hotels essen Sie im *Habarana Resthouse.* Es liegt an der Kreuzung der Nationalstraßen *A 6 und A 11.* Hier werden auch *4 einfache Zimmer* vermietet. *Kategorie 3*

HOTELS

Das Dörfchen *Habarana* (**112/A6**), eigentlich nur ein Straßenknoten im Herzen des Königslandes, ist ein idealer Übernachtungsort. Von hier aus lassen sich Sehenswürdigkeiten wie Aukana, Dambulla, Sigiriya und auch Polonnaruwa bequem besuchen.

Habarana Lodge
Schöne Anlage im Chalet-Stil, auf einem parkähnlichen Gelände mit Pool und Tennisplätzen. *150 Zi., Habarana (am Stausee), Tel. 066/235 44, Fax 01/44 70 87, Kategorie 2*

Habarana Village
Auch dies ist eine großzügige Anlage im Grünen. Um eine Spur schlichter (und etwas preiswerter) als die Lodge. *106 Zi., Habarana (neben Lodge), Tel. 066/235 39, Fax 01/44 70 87, Kategorie 2*

DAMBULLA

(**119/E1**) ★ Der Tempel wird nach wie vor von Mönchen bewohnt. Er liegt an der A 9, ziemlich genau in der geografischen Mitte der Insel. Wenn es heiß ist, kann der Weg über den nackten Felsen zu den berühmten *Höhlen* anstrengend werden. Aber es lohnt sich: In etwa 340 m Höhe, vor dem Eingang zu den Höhlen, entschädigt ein herrlicher Weitblick für die Mühe – und die Malereien und Statuen im Innern sind allemal den Aufstieg wert.

Fünf Höhlen können besucht werden, von Mönchen über einen Zeitraum von 2000 Jahren ausgemalt und mit Buddhastatuen geschmückt. Die ältesten Kunstwerke stammen aus vorchristlicher Zeit, die jüngsten aus dem 20 Jh. Oft hocken Studenten im Schein starker Lampen und rekonstruieren Fresken und Figuren. In einigen Höhlen, besonders in der ersten (sie heißt *Devaraja,* Götterkönigshöhle), haben die Felsbilder durch den jahrhundertelangen Gebrauch von Kerzen und Räucherstäbchen gelitten. Der tiefe Eindruck in dieser ersten Grotte geht von einem liegenden Buddha aus, der mit 14 m immerhin das Längenmaß des sterbenden Buddhas von Gal Vihare in Polonnaruwa hat.

Im buddhistischen Sri Lanka wird übrigens ausgerechnet Vishnu, der populärste Hindugott, als Schutzheiliger der Insel verehrt. Dafür gilt Buddha wiederum den Hindus als Reinkarnation des Vishnu.

In der zweiten Grotte nach dem Eingang, der größten, fällt ein stehender Buddha auf, der eine ähnliche Haltung wie der von Aukana hat. Und noch eine Besonderheit: Aus dem Berg tropft unablässig Wasser. Die geheimnisvolle Quelle soll Teil eines unterirdischen Flusses sein, der angeblich bergauf fließt – jedenfalls versiegt dieses aus dem Stein tropfende Wasser noch nicht einmal in den Monaten der Trockenheit.

Tipp für Einzelreisende: Taschenlampen mitnehmen (die Führer der Gruppen haben stets welche dabei). Achtung: In den Höhlen darf nicht fotografiert werden! *Tgl. geöffnet, neuerdings auch mittags (aber dann ist der Aufstieg wegen der Hitze besonders beschwerlich). Eintritt gegen 100 Rps. Spende (Ticketoffice am Parkplatz)*

Im *Resthouse (Tel. 01/50 34 97, Kategorie 3)* sitzt man angenehm in einem hübschen Garten und lässt sich das hier meistens ordentliche Curry schmecken. Zwar werden auch 4 Zimmer vermietet, aber die meisten Besucher kommen auf eine Tee- oder Lunchpause hierher.

Das neue Bungalowhotel *Culture Club (92 Zi., großer Pool, gutes Restaurant, Tel. 066/835 00, Reservierung: Agentur Connaissance, Colombo, Tel. 01/68 56 01, Fax 68 33 78, Kategorie 2),* in der Nähe von Dambulla malerisch an einem der alten Wasserreservoirs (Kandalama) gelegen, bietet sich als Standortquartier für das Kulturdreieck an. Es fügt sich, im Gegensatz zu dem umstrittenen Kandalama Hotel auf der anderen Seite des Sees (Sri Lankas Stararchitekt Geoffrey Bawa errichtete hier einen provokanten Bau), gut in die Landschaft ein.

ZIEL IN DER UMGEBUNG

Nalanda Gedige **(119/E2)**

Etwa 20 km südlich von Dambulla, präzise in der geografischen Mitte der Insel, lohnt ein Statuenhaus im südindischen Baustil und mit einer besonderen Geschichte den Abstecher von der A9 (Richtung Matale und Kandy). Tausend Jahre lang stand das Gebäude am Ufer des Mahawelis. Als dieser größte Fluss des Landes gestaut werden sollte, drohte Nalanda Gedige unterzugehen. Eine Aktion nach dem Muster von Abu Simbel in Ägypten rettete den Tempel: Stein für Stein wurde er abgetragen, ein paar Jahre »zwischengelagert« und 1980 auf einer aufgeschütteten Insel im neuen Stausee wieder aufgebaut. Das Statuenhaus weist hinduistische und buddhistische Elemente auf, sogar – für Sri Lanka ganz ungewöhnlich – erotische Reliefs, wie Indienkenner sie aus Khajuraho oder Konarak kennen. Im Dorf Nalanda kann man sich in einem kleinen, verschlafenen Resthouse erfrischen.

MIHINTALE

(115/E4) Fast 2000 Stufen führen auf die Spitze dieses heiligen Berges. Dort oben, der Welt entrückt, so scheint es, erinnert eine Dagoba an die Begegnung des Königs Devanampiya Tissa mit dem indischen Mönch Mahinda. Der, ein Verwandter und Gesandter des großen Kaisers Ashoka aus Indien, bekehrte den König von Anuradhapura zum Buddhismus. Das war um 250 v. Chr. Seither zieht an diesem Ort ein weit verzweigter Komplex von ausgemalten Höhlen, von Tempeln, Dagobas und antiken Zisternen die Gläubigen an.

Über eine breite Freitreppe von 340 Stufen nähern Sie sich dem heiligen Bezirk. Vorher zweigt ein Weg ab zur *Kantaka Cetiya,* den Resten der ältesten Dagoba in Mihintale. Sie stammt vermutlich noch aus der Zeit des Königs Devanampiya Tissa, des ersten Buddhisten von Sri Lanka. Höher geht es hinauf, vorbei an antiken Bädern und an der unter Palmen gelegenen *Ambastala Dagoba,* bis auf den steilen Sila-Felsen. Von hier aus schauen Sie auf Dschungelland, aus dem die antiken Stauseen wie Spiegel leuchten. Die Kuppeln von Anuradhapura, 10 km entfernt, ragen wie buddhistische Kathedralen aus dem Flaschengrün des Urwalds.

Die Sehenswürdigkeiten von Mihintale sind immer geöffnet, die Besichtigung ist frei. Wer im Sommer in Sri Lanka ist, sollte sich das farbenprächtige *Poson-Fest* an dieser Stelle auf keinen Fall entgehen lassen. Es erinnert alljährlich zum Juni-Vollmond an Mahindas Mission.

POLONNARUWA

(116/B6) Die Ursprünge dieser zweiten Königsstadt liegen im Dunkeln, in vorchristlicher Zeit. Zwar war der Ort unter anderen Namen bereits im 4., im 8. und im 10. Jh. für jeweils kurze Zeit Residenz der Herrscher von Anuradhapura. Aber was heute mit Polonnaruwa-Epoche beschrieben wird – die hohe Zeit des lankischen Mittelalters –, begann erst nach der Zerstörung Anuradhapuras, also im 11. Jh. König Vijaya Bahu vertrieb zunächst die Cholas, eine tamilische Dynastie, aus Polonnaruwa. Sein Nachfolger Parakrama Bahu (1153–1186) begründete mit großartigen Bauten, mit Kanälen und Parks den Ruhm dieser zweiten Metropole. Polonnaruwas Blütezeit war jedoch von kurzer Dauer: Schon 1211 fielen wieder Tamilen ein, und 1314 wurde die Stadt aufgegeben, dem Urwald und der Vergessenheit überlassen. Wie in Anuradhapura waren es wiederum die Engländer, die im 19. Jh. mit der Ausgrabung begannen. Das moderne Polonnaruwa ist ein nichts sagendes Distrikthauptstädtchen von 15 000 Einwohnern.

BESICHTIGUNGEN

Auch dieses Ruinenfeld, das Sehenswürdigkeiten von Weltruf birgt, ist sehr weiträumig. Die Wege zu den Relikten der großen Zeit sind gut ausgeschildert, es sind angenehme Spazierpfade mit Rast- und Schattenplätzen. Wer nur einen Tag Zeit hat – die meisten Rundfahrtbusse hupen schon nach zwei oder drei Stunden zum Aufbruch –, sollte sich auf folgende Orte konzentrieren:

Gal Vihara

★ Dieser herausragende Schauplatz ceylonesischer Kunst und buddhistischer Frömmigkeit wird auch den eiligen Rundreisetouristen in Bann ziehen. Die Monumente aus dem 12. Jh. strahlen so viel Harmonie und Schönheit aus, dass die meisten Besucher länger als vorgesehen auf den Steinen gegenüber den Kolossalstatuen sitzen bleiben. Die vier aus dem Felsen geschlagenen Figuren, zwei sitzende, eine stehende und eine liegende, waren früher überdacht. Damals gehörten sie zu einer großen Klosteranlage, waren Teil des Statuenhauses. Heute ist der Blick frei auf drei Monumente: Links fällt zunächst die 5 m hohe Statue eines sitzenden Buddhas auf: Der Erleuchtete meditiert auf einem Lotosthron. Über die stehende, knapp 7 m hohe Figur in der Mitte des Ensembles wurde viel gerätselt: Stellt sie Ananda dar, einen Lieblingsschüler Buddhas – oder doch, wie heute die Mehrheit der Fachleute meint, den Begründer der Lehre? Die liegende, 14 m lange Statue ganz rechts zeigt den sterbenden Buddha, der ins Nirwana eingeht. In einer Höhle neben dem ersten Monument ist die vierte Statue untergebracht: ein sitzender, meditierender Buddha. Tipp für Fotografen: Morgens liegt das schönste Licht auf den grauen Felsfiguren.

Heiliges Viereck (Quadrangle)

Die Ruinen mehrerer Tempel liegen im Zentrum des ehemaligen heiligen Bezirks. Ältestes Relikt ist *Atadage,* um 1100 als Tempel des Zahns errichtet. Etwas später wurde diese Reliquie, die heute in Kandy verehrt wird, im sehr viel größeren, ebenfalls rechteckigen *Hatadage* untergebracht. Südlich davon lassen die Reste des *Vatadage* die Besucher staunen: Von diesem Rundtempel auf einem großen Sockel stehen zwar nur noch Teile der alten Mauern, er wirkt aber höchst eindrucksvoll. Dazu tragen vier Buddhastatuen bei, die auf die vier Eingänge schauen. Davor: Mondsteine und wunderschöne Wächterstelen.

Ebenfalls einen längeren Blick lohnt *Thuparama,* das besterhaltene Gebäude in ganz Polonnaruwa. Das Dach dieses einstigen »Hauses der Buddhabilder« erinnert an südindische Tempelbauten. In einer Ecke des heiligen Vierecks, neben dem Hatadage, steht *Gal Pota,* das Steinerne Buch: In die Platte auf dem gewaltigen Steinblock (8 m lang, fast 1,4 m breit) ließ König Nissanka Malla seine Heldentaten eingravieren. Dem kunstsinnigen Herrscher sind fast so viele Bauten zu verdanken wie seinem Vorgänger Parakrama Bahu I.

Königsstatue
Zehn Fußminuten vom Ruinenbezirk entfernt. Der Weg führt auf der Dammkrone des Stausees entlang, mit schönen Blicken auf Reisfelder, Resthouse und Ruinen. Die reliefartige, aus dem Felsen geschlagene Figur zeigt einen bärtigen Mann mit freiem Oberkörper. Beide Hände halten dem Betrachter einen länglichen Gegenstand entgegen – ein Palmblattmanuskript, ein Joch? Es gibt keine Klarheit, auch nicht darüber, ob die Statue wirklich, wie oft behauptet, den großen König Parakrama Bahu darstellt.

Lankatilaka
Ehemaliges Bilder- und Statuenhaus im größten Klosterkomplex (Alahana Parivena). Die Maße sind imposant: etwa 50 m Länge, fast 20 m Breite. Die Säulen, die den Weg zu einem sehr großen (inzwischen kopflosen) stehenden Buddha einrahmen, ragen knapp 17 m in die Höhe. Nördlich dieser Ruine – ihr Name bedeutet Juwel Lankas – erhebt sich *Kiri Vihara,* die Milchdagoba. Namen und Glanz erhielt die Kuppel, weil sie mit Muschelkalk verputzt wurde.

Palastbezirke
Gleich nordwestlich vom Resthouse, auf dem Wege zu den wichtigeren Sehenswürdigkeiten (Heiliges Viereck, Lankatilaka und Gal Vihara), sind die Reste der Herrschaftsbereiche von Parakrama Bahu I. und Nissanka Malla zu sehen: Hallen, Bäder und Festung (Zitadelle). Vom eigentlichen Palast, der einmal 100 pompöse Zimmer gehabt haben soll, sind nur ein paar Steine und die Fundamente geblieben. *Eintritt zum historischen Bezirk: 15 $, oder mit dem Sammelticket »Kulturelles Dreieck« (37,50 $)*

HOTELS

Resthouse
Romantische Lage am Stausee. Die 10 Zimmer sind groß und schlicht. Gemütliche Stimmung auf der Veranda und im Speisesaal. Spezialität: frischer Fisch. *Tel. 027/222 99, Kategorie 3*

Seruwa
Teilt sich mit dem *The Village* Pool und Garten. Zimmer mit Balkon und Seeblick. *40 Zi., Tel. 027/224 11, Kategorie 3*

The Village
Das ehemalige Amalian Nivas liegt in einem Garten unterhalb vom Stausee Parakrama Samudra. Zum Bahnhof sind es 4 km. *28 Zi., National Holiday Resort, Tel. 027/224 05, Fax 233 66, Kategorie 3*

ZIEL IN DER UMGEBUNG

Giritale **(116/B6)**
11 km vor Polonnaruwa an der A 11 liegt ein Natur- und Vogelschutzgebiet an zwei antiken Stauseen. Drei Hotels: *The Deer Park (76 Zi., Bungalows im Ethnostil direkt am antiken Stausee, Buchung über Tel. 01/44 88 50, Fax 44 88 49, Kategorie 2; Hemalee (15 Zi., Tel. 027/462 57, Kategorie 3),* Fahrradvermietung; *Royal Lotus (54 Zi. mit Balkon oder Veranda und A/C, Tel. 027/463 16, Fax 027/464 70, Kategorie 2),* Fahrradmiete, geführte Vogelbeobachtungen.

Vom Sigiriya-Felsen haben Sie einen großartigen Blick über den Dschungel

SIGIRIYA

(116/A6) ★ Ein rotbrauner Felsen, in der Form einem Tafelberg ähnlich, ragt weithin sichtbar aus dem Dschungel der Inselmitte. Sein Name steht für einen königlichen Krimi, vor allem aber für ein weltberühmtes Symbol ceylonesischer Hochkultur: die *Wolkenmädchen von Sigiriya* aus dem 5. Jh. n. Chr. Das sind farbige Fresken, deren anmutige Schönheit den steilen Weg auf die halbe Höhe des Berges ganz gewiss lohnt.

Diesen Felsen krönte vor 1500 Jahren die luxuriöse Burg eines bösen Burschen namens Kassapa. Er hatte seinen Vater, einen König, getötet, seinen Halbbruder, den legitimen Erben, aus Sri Lanka vertrieben und sich selbst auf den Thron gesetzt. Die Sache, so berichtet die Inselchronik, ging nicht gut aus: Der Halbbruder kam zurück, Kassapa nahm sich das Leben. Von seinem Palast auf dem Plateau blieben nur ein paar Fundamente. Unterhalb des Felsens aber künden Bäder und Lustgärten vom Pomp, den Kassapa immerhin 18 Jahre lang genießen konnte.

Morgens gegen 8 Uhr ist der Aufstieg am angenehmsten. Die Hitze hat sich noch nicht entfaltet, und die vielen Gruppen, die diesen Höhepunkt täglich ansteuern, kommen meistens erst nach 9 Uhr. Einige Steinstufen und eine schmale Wendeltreppe führen zunächst zu den Wolkenmädchen. Seit uralten Zeiten bezaubern diese Frauen, mit bloßem Oberkörper und mit Blüten und Früchten in den Händen dargestellt, die Besucher. Ihre Bedeutung ist ungeklärt: Prinzessinnen, Dienerinnen, Nymphen …? Es bleibt der Eindruck von stillem Liebreiz, die Frische der Farben erstaunt bis auf den heutigen Tag.

Wem der Weg zum Gipfelplateau zu mühsam ist, kann sich ruhig mit der Aussicht von der mittleren Plattform zufrieden geben. Dort, wo der sehr steile Weg zur Spitze zwischen zwei riesigen steinernen Löwentatzen beginnt, werden Erfrischungen und Postkarten verkauft. Ganz oben allerdings, in 200 m Höhe, sind nicht die antiken Mauerreste und der windgepeitschte Regenwasserpool die Sehenswürdigkeiten, sondern der eindrucksvolle Blick über den Dschungel. *Tgl. 7–17 Uhr, Eintritt mit dem Sammelticket (37,50 $) oder einzeln (15 $)*

HOTELS

Resthouse
Im typischen Stil dieser einfachen Kolonialherbergen. Eine gute Adresse für ein Curry nach dem Besuch des Felsens. *17 Zi., mitten im Ort, Tel. 066/234 84, Kategorie 3*

Sigiriya
Hübsch gelegen, in Sichtweite des Felsens. Pool. *80 Zi., in der Nähe vom Resthouse, Tel. 066/ 849 31, Fax 848 11, E-Mail serenlti@sri.lanka.net, Kategorie 2*

Eines der bezaubernd schönen Wolkenmädchen von Sigiriya

Sigiriya Village
Reihenbungalows, großzügige Anlage mit Pool. Auch hier: herrlicher Blick auf den Felsen. Ayurveda-Praxis. *104 Zi., Tel./Fax 066/318 03, Kategorie 2*

YAPAHUWA

(119/D1) Etwas außerhalb der bevorzugten Rundfahrtrouten liegen die Reste einer alten Königsstadt, die nicht auf der Liste der ganz großen Sehenswürdigkeiten steht: Ruinen zweier Dagobas, Tempelrelikte und ein Höhlentempel mit Wandmalereien aus dem 18. Jh. Yapahuwa war vor über 700 Jahren, nach dem Niedergang Polonnaruwas, für kurze Zeit Hauptstadt. Von 1272 bis 1284 regierte von hier aus König Bhuvanaika Bahu I. die Insel. Auch hier ragt ein Berg aus der Ebene, der einst eine Festung trug, auch hier sind extrem steile Treppen zu erklimmen. Schwindelfreie Besucher erwartet auf einem Felsvorsprung ein traumhafter Blick übers Land. Niemand weiß, ob die Reste der Anlagen zum Königspalast oder zu einem Zahntempel gehörten. Als die Tamilen 1284 die Festung schleiften, sollen sie die Reliquie von hier für kurze Zeit nach Indien mitgenommen haben – Teil der Odyssee eines Heiligtums.

Yapahuwa liegt ca. 60 km südlich von Anuradhapura. Die A 28 (von Kurenegala nach Norden) müssen Sie bei Balalla oder bei Daladagama in Richtung Maho verlassen. Von Maho, einer Bahnstation, sind es 5 km bis zu den Ausgrabungen.

Naturwunder und Nostalgie

Britisches Clubleben, Wanderungen ans »Ende der Welt« und Millionenschätze, die im Schlamm liegen

Was für ein Land, was für Kontraste: Eben noch, gleich hinter Kandy, auf dem Weg nach Nuwara Eliya, sind Sie durch eine üppige Tropenlandschaft gefahren, haben sich nicht satt sehen wollen an den Reisterrassen bei Gelioya, am Dschungel, der bei Gampola bis an den Mahawelistrom wuchert, an den Bananen-, Gemüse- und Kokosplantagen, durch die sich die Nationalstraße 5 in sanfter Steigung kurvenreich in die Höhe schlängelt. Heiß war es bis vor wenigen Minuten. Jetzt, im Resthouse Pusselawa, ist die Luft frisch und klar. Sie schauen auf einen hellgrünen Teppich aus Teesträuchern. In Wellen bedeckt er die Hügel bis zum Horizont. Orchideen, Calla und Kletterrosen leuchten aus diesem unvergleichlichen Grün.

Seit alten Zeiten suchen die Besucher, die im zentralen Bergland dieser Tropeninsel unterwegs sind, nach angemessenen Worten für ihre Begeisterung. »Eine Wunderwelt ausgesuchter Schönheiten und starker Lebenskräfte« glaubte der Asienreisende Hans-Hasso von Veltheim-Ostrau gefunden zu haben, als er vor etwa 50 Jahren diese Route befuhr. Noch früher, in den Zwanzigerjahren des 20. Jhs., schwärmte der Nobelpreisträger Hermann Hesse: »… ich sah tiefblau und riesig das ganze Hochgebirge von Ceylon in mächtigen Wällen aufgebaut, inmitten die schöne Pyramide des uraltheiligen Adam's Peak. Daneben in unendlicher Ferne und Tiefe lag blau und glatt das Meer, dazwischen tausend Berge, weite Täler, schmale Schluchten, Ströme und Wasserfälle, mit unzählbaren Falten die ganze gebirgige Insel, auf der die alten Sagen das Paradies gefunden haben …« Hochflächen mit Wäldern voller Rhododendren, Moore, melancholisch wie in Schottland, Regenwald, wie es ihn auf dieser Welt nur noch selten gibt, Wasserfälle wie in Norwegen. Dazwischen Teegärten, Felsenheiligtümer aus mythischer Zeit und Hindutempel, in denen die tamilischen Plantagenarbeiter ihren Göttern opfern – abwechslungsreicher kann eine Natur- und Kultur-

Einige schauen zu, wie die glitzernden Schätze aus dem Schlamm geholt werden

landschaft von knapp 100 qkm kaum sein. Durch das zentrale Bergland führen Straßen mit atemberaubenden Aussichten und eine Eisenbahnstrecke, die von Kennern zu den schönsten der Welt gezählt wird (von Kandy über Nanu Oya und Ella bis Badulla). Alle großen Flüsse der Insel entspringen im Hill Country, das auch die Wetterscheide zwischen dem feuchtheißen Südwesten und der eher trockenen Ostküste darstellt. Die Hochebene Horton Plains ist seit den Tagen der Engländer ein beliebtes Wanderrevier. Ziel der Naturliebhaber ist das »Ende der Welt«, eine Felswand, die über tausend Meter in die Tiefe stürzt. Zu den Höhepunkten und Sehenswürdigkeiten in diesem für die meisten Touristen unerwartet vielfältigen Bergland gehören der heilige Adam's Peak und die Edelsteinminen rund um Ratnapura, ein Besuch in einer Teefabrik und ein Blick in die konservierte Welt der Kolonialbriten im Kurort Nuwara Eliya.

NUWARA ELIYA

(119/F6) Kühl ist es hier meistens, manchmal sogar richtig kalt – knapp über null Grad. Die »Stadt des Lichtes«, wie Nuwara Eliya übersetzt heißt, liegt immerhin auf 2000 m Höhe. Da freut man sich auf das prasselnde Kaminfeuer am Nachmittag, vielleicht sogar auf die Wärmflasche, die ins Hotelbett gelegt wird. Solche Sitten pflegt man in diesem schönen und britischsten Höhenkurort der Insel. Der Golfplatz am Ostrand gilt manchen Besuchern als *der* Golfplatz in Asien. Eine Pferderennbahn, die nicht mehr in Betrieb ist, erinnert an einen anderen Zeitvertreib der einstigen Kolonialherren.

Bummeln Sie durch den hübschen, aber wenig aufregenden Ort, entdecken Sie das Postamt im englischen Landhausstil und die Hatton-Bank, die ebenso in der Grafschaft Kent stehen könnte. Wenn es in Colombo und anderswo in der Ebene im Juli oder August besonders stickig wird,

MARCO POLO TIPPS FÜR DAS BERGLAND

1 Adam's Peak
Ein Fußabdruck im Felsen zieht Pilger vieler Religionen an. Der Aufstieg bei Nacht – ein unvergessliches Erlebnis (Seite 82)

2 Resthouse in Ella
Honeymoon im Hochland. Traumhafter Fernblick vom schönsten Resthouse der Insel, Etappenziel an der schönsten Bahnstrecke der Insel (Seite 83)

3 Hill Club
Dinner bei Kerzenlicht und eine Bar nur für Männer (Seite 81)

4 Horton Plains
Wanderungen bis zum »Ende der Welt« (Seite 84)

5 Ratnapura
Zuschauen, wie die glitzernden Schätze aus dem Schlamm geholt werden (Seite 84)

Das Postamt von Nuwara Eliya im englischen Landhausstil

flüchten die Angehörigen der einheimischen Mittel- und Oberschicht hierher.

HOTELS

Grand Hotel

Äußerlich wird dieses große Haus in einem herrlichen Park seinem Namen gerecht. Auch ein Blick in Lobby, Bar und Billardraum lässt nostalgische Gefühle aufkommen. Aber die Atmosphäre dieser einst feinen Herberge (1891 eröffnet) ist heute von Gruppen und, im Speisesaal, von Massenbetrieb geprägt. Westlich vom Golfplatz gelegen. *114 Zi., Tel. 052/28 81–86, Fax 22 65, Kategorie 2*

Hill Club

★ Hier wird noch streng auf die feine Lebensart von einst geachtet: Herren haben abends nur mit Krawatte Zutritt (notfalls kann man sie ausleihen), den Drink nimmt man in der *Men's Bar* oder in der gemischten Tränke ein – unter Trophäen und bei gedämpftem Licht. Das Essen ist ein Erlebnis: Abends wird bei Kerzenlicht serviert, von Kellnern, die weiße Handschuhe tragen. Ein Blick in die Nebenräume (Bibliothek, Billard- und Dartzimmer) gehört zum Pflichtprogramm von Nuwara Eliya. Westlich vom Golfplatz gelegen. *36 Zi., Tel. 052/26 53, Fax 26 54, Kategorie 2*

St. Andrew's

Weil es über dem Golfplatz liegt (ruhig), wurde dieses ordentliche Hotel nach dem schottischen Mekka aller Golfer benannt. Hübsche Lobby. *55 Zi. im Altbau, 24 modernere im Anbau, St. Andrew's Drive, Tel. 052/24 45, Fax 31 53, Kategorie 2–3*

SPIEL UND SPORT

Nach alter Tradition kommen die Feriengäste in diese Höhe, um in frischer Luft zu golfen, zu wandern und zu fischen. Es werden auch Reitponys ausgeliehen, aber die sehen nicht so aus, als würden sie die Liebhaber dieses Sports zufriedenstellen. Wie in Colombo sind auf dem Golfplatz von Nureliya (so die übliche Kurzform des Stadtnamens) Besucher willkommen *(Greenfee: 750 Rps. pro Tag)*.

Wer auf Forellenangeln aus ist, kann sich im *Hill Club* nach den Möglichkeiten erkundigen.

Wanderer finden ein großartiges Revier vor der Haustür. Der komplette (und sehr leichte) Aufstieg z. B. auf den *Piduratalaga* (auch Mt. Pedro genannt) ist zur Zeit nicht möglich: Der zentrale Fernsehsender an der Spitze ist ein Ziel terroristischer Anschläge. Eine alternative Tour führt via *Hatton Hill Road* zum *Single Tree Mountain*.

ZIELE IN DER UMGEBUNG

Adam's Peak **(123/E1)**

★ ✪ ☀ Nicht der höchste, aber bei weitem der heiligste Berg der Insel: In der Saison – Dezember bis Ende März – nehmen Nacht für Nacht einige Hundert Pilger die Strapaze der mehr als 4500 Stufen auf sich, um rechtzeitig zum Sonnenaufgang auf dem Gipfel zu sein. Dort oben, in 2243 m Höhe, wird eine Vertiefung im Felsen verehrt, die wie ein Fußabdruck aussieht. *Sri Pada* heißt der Berg auf Singhalesisch, »heilige Fußspur«. Die größte Bevölkerungsgruppe schreibt den Abdruck im Stein Buddha zu.

Aber der Berg, dessen Spitze ein auffälliger Kegel ist, wird auch von Gläubigen anderer Bekenntnisse voller Andacht erklommen. Hindus meinen, dass Shiva hier womöglich so lange den Tanz der Schöpfung getanzt habe, bis sich sein Fußabtritt in den Stein geformt hat. Muslime (und manche Christen) wollen in der Spur den Abdruck eines Fußes von Adam sehen. Tausend Jahre soll er hier, auf einem Bein stehend, um das verlorene Paradies getrauert haben. Legenden, Mythen, fromme Märchen. Tatsache ist, dass von dem Berg eine ungeheure Faszination ausgeht.

Der Aufstieg mit den singenden und Gebete murmelnden Pilgern dauert vier bis sechs Stunden (von *Maskeliya* aus). Wenn kurz nach sechs Uhr die Sonne aufgeht und die Bergspitze einen Schatten auf die Wolken unterhalb des Gipfels wirft, wenn gleichzeitig die Gläubigen *Sadhu, sadhu ... heilig, heilig* rufen, sich verneigen und unter Glockenklang immer wieder den Fußabdruck umrunden, dann empfinden dies auch viele Besucher aus dem Westen als ein Erlebnis fürs Leben.

Die Übernachtungsmöglichkeiten in Maskeliya sind nicht zu empfehlen, Imbissstände und einfache Lokale gibt es genügend. Auf dem Weg nach oben können Sie in Teestuben pausieren (aber nicht zu lange, sonst fassen Sie nur schwer wieder Tritt). Nächste Bahnstation ist *Hatton*. Der Aufstieg von *Ratnapura* (über die Carneyplantage) dauert länger, ist mühsamer und nicht so gut beleuchtet wie der von Maskeliya. Wichtig: Taschenlampe und Pullover mitnehmen (auf dem Gipfel vor 6 Uhr sind es oft nur null Grad). Es ist ratsam, gleich nach Sonnenaufgang wieder abzusteigen, sonst wird es zu heiß.

Badulla **(120/B6)**

Hauptstadt der Teeprovinz Uva, Start und Ziel der schönsten Eisenbahnfahrt durchs Bergland. Ein Hindutempel *(Kataragama)*, eine englische Kirche *(St. Mark's)*,

Der Adam's Peak ist nicht nur für Buddhisten ein heiliger Berg

vor allem aber ein buddhistischer Tempel *(Mutiyangana)* lohnen den Bummel durch den hübschen Ort.

Wanderer wird der Zweitausender *Namunukulla* reizen, der leicht zu besteigen ist. Ein anderes Ausflugsziel sind die *Dunhindafälle*, die fast 60 m in die Tiefe stürzen (5 km entfernt). Dort bietet sich das *Dunhinda Falls Inn* als Raststätte an.

Bandarawela (124/A1)

Ein lebhafter Höhenkurort mit sehr srilankischer Atmosphäre. Viele Einheimische machen hier Kurzferien. Die 50-km-Strecke von Nuwara Eliya hierher (über die B 810) ist landschaftlich wunderschön (Reisterrassen). Der *Dowa-Höhlentempel* mit einer 4 m hohen Buddhafigur, die aus dem Fels gemeißelt ist, lohnt auf jeden Fall einen Abstecher (5 km nach Norden).

Ein angenehmes Hotel ist das *Bandarawela (36 Zi., 14, Welimada Rd., Tel. 057/225 01, Kategorie 2)*. Viele Gruppen steigen für eine Nacht im ordentlichen, etwas verwinkelten *Orient Hotel* ab. Dieses Haus *(50 Zi., 10, Dharmapala Rd., Tel./Fax 057/224 07, Kategorie 3)* ist stolz auf einen *Biergarten*, der auch so heißt.

Ella (Resthouse) (124/B1)

★ Ein kleiner Ort nur, aber nirgendwo kann man schönere Spaziergänge machen, nirgendwo ist die Aussicht über das südliche Bergland bis hinunter an den Indischen Ozean so spektakulär wie in diesem Dorf.

Langjährige Sri-Lanka-Reisende wissen: Über der Ella-Schlucht steht das schönste Resthouse der Insel, ein Lieblingsziel einheimischer Flitterwöchner und ausländischer Traveller. Also: vorbestellen, es gibt nur 6 Zimmer. Den besten Blick bieten die Räume Nr. 3 bis 6. Wer hier nicht wohnen kann, sollte zumindest einmal auf der Gartenterrasse Tee trinken oder frühstücken *(Tel. 057/226 36, Kategorie 3)*.

Auf der atemberaubend schönen Straße in Richtung Wellawaya lohnen kurze Stopps am Wasserfall *Rawana* und, etwas weiter südlich, in *Randaniwela.* Dort erinnert eine Säule an einen Sieg der Singhalesen über die Portugiesen (am 25. 8. 1630).

Hakgala **(119/F6)**
5 km südöstlich von Nuwara Eliya an der A 5 gelegener botanischer Garten mit Lotosteichen und Akazienalleen. Herrlicher Weitblick ins südliche Teeland. Der Höhe (1700 m) entsprechend wachsen hier viele »europäische« Pflanzen, z. B. Rosen. Erfrischungen an Teebuden möglich. *Tgl. 8–18 Uhr, Eintritt 50 Rps.*

Horton Plains **(123/F1)**
★ Wo früher die Kolonialbriten auf Leopardenjagd gingen, wandern heute Naturfreunde durch Rhododendron- und Farnwälder. Die Hochebene ist zwar nur knapp 30 km von Nureliya entfernt. Aber die Anfahrt nimmt ziemlich viel Zeit in Anspruch – mit dem Auto über *Belihul Oya* (schönes Rasthaus) oder mit der Bahn von *Nanu Oya* (das ist die Station von Nuwara Eliya, 10 km vom Zentrum entfernt) bis *Ohiya.* Deshalb empfiehlt es sich, eine Übernachtung im Resthouse *Farr Inn* auf der Hochebene einzuplanen. Dieses einsame, wenngleich etwas muffige Resthouse *(Reservierungen über Tel. 01/50 34 97, Fax 50 35 04, Kategorie 3)* liegt günstig zu den Höhepunkten: *Baker's Wasserfall, Großes und Kleines Ende der Welt* (1000 bzw. 600 m Steilwand). Den Weg dorthin unbedingt auf den ganz frühen Morgen legen, denn danach kommt meistens Nebel auf.

Wellawaya **(124/B2)**
Hier schneidet die Straße von Ratnapura zur Ostküste jene, die von Hambantota im Süden nach Badulla ins Hochland führt. Neben landschaftlicher Schönheit lohnen zwei Besonderheiten den Weg über Wellawaya: die *Diyaluma-Wasserfälle* (171 m tief, im Westen der Stadt gelegen) und *Buduruvagale,* 5 km südlich gelegen: ein 15 m hoher Buddha, vor etwa 1000 Jahren aus dem Felsen geschlagen, und jeweils drei Begleitstatuen an jeder Seite – das bedeutendste Monument des Mahayana-Buddhismus. Diese Reformrichtung spielt allerdings in Sri Lanka schon lange keine Rolle mehr.

RATNAPURA

(123/D2) ★ Die »Stadt der Edelsteine« (Übersetzung des Ortsnamens), 100 km von Colombo entfernt, hat mehr zu bieten als den Blick auf die funkelnden Schätze aus der Erde. Sie bietet eine herrliche Lage an den südlichen Ausläufern des Berglandes, dicht beim Adam's Peak; Heiligtümer wie den Buddha von Viniharama, der die Stadt von einem Hügel überschaut, oder wie Maha Saman Devale, einen Tempel aus dem 13. Jh., 3 km außerhalb an der Straße nach Panadura. Auf den Märkten der 40 000-Einwohner-Stadt dominieren die Angebote der Edelsteinhändler.

MUSEEN/EINKAUFEN

Diese beiden Begriffe müssen hier zusammengefasst werden, weil nur das unbedeutende *National Museum* am Bahnhof *(tgl. außer*

Fr 9–17 Uhr, Eintritt 50 Rps.) ausschließlich musealen Charakter hat. Das Interesse in Ratnapura aber konzentriert sich auf glitzernde Funde. Und die Museen, die sich diesem Thema widmen, sind private Sammlungen mit Verkaufsräumen.

Gem Bank & Gemmological Museum

In diesem privaten Edelsteinmuseum sind nicht nur besonders schöne Saphire, Turmaline, Rubine, Smaragde und Amethyste zu sehen, sondern es wird auch demonstriert, wie die Edelsteine geschürft und bearbeitet werden. Ein Restaurant gehört zum Haus. *Tgl. 8.30–17.30 Uhr, 6, Ehelopala Maw.*

Gem Museum

Seriöser Privatbetrieb mit ebenfalls angeschlossenem, etwas kleinerem Museum. Junge Schmuckkünstler zeigen phantasievolle Arbeiten. *Tgl. 8.30–17.30 Uhr, Pothgul Vihara Rd., Getangama (3 km vom Zentrum)*

HOTELS

Kalawathie

Etwas außerhalb, sehr hübsch gelegen. Das Hotel bietet einen großen Garten und interessante Angebote für bewusst Reisende: Meditationen, Kräuterbäder sowie organisierte Wanderungen. *18 Zi. (einige mit 3 Betten), Polhengoda, Tel. 045/224 65, Fax 232 62, Kategorie 3*

Ratnaloka Tour Inns

Sehr schön inmitten einer Kautschukplantage gelegenes Hotel mit einem Pool. *53 Zi., Kosgala/Kahangama, Tel. 045/224 55, Kategorie 3*

Resthouse

Ein zwar nicht ganz so gemütliches Resthouse wie viele andere Einrichtungen dieses kolonialen Relikts. Aber wer sich für einen Tee oder ein zünftiges Curry auf den Stadthügel bemüht, wird bestimmt nicht enttäuscht werden. *Tel. 045/222 99, Kategorie 3*

Zeit für eine Tasse Tee – Besuch in der Fabrik

Die Teeblätter werden in den meistens viergeschossigen Fabriken zunächst gewelkt, das heißt 10 bis 14 Stunden lang von riesigen Ventilatoren von unten warm belüftet. Beim »Rollen« werden danach die Zellwände in den Blättern zerstört. Zum anschließenden Fermentieren werden die Blätter auf dem Boden ausgelegt; dabei gären sie. Den richtigen Zeitpunkt der Fermentation – entscheidend für die Qualität – haben die Fachleute in den Fabriken »in der Nase«. Danach wird der Tee getrocknet, in großen Sieben gereinigt und schließlich, nach Blattgrößen sortiert, in die charakteristischen Leichtholzkisten verpackt.

In den Fabriken, die auf Besucher eingestellt sind, können die verschiedenen Tees probiert und zu sehr günstigen Preisen gekauft werden: etwa 1,50 Mark für 200 g vom besten (BFOP). Gern besuchte Fabriken an der Strecke von Pusselawa nach Nurelia sind Melfort und Labookellie.

Das ganz andere Sri Lanka

Die Jaffna-Halbinsel und die Traumstrände bei Trincomalee – zurzeit keine Reiseziele für Touristen

Wie der Stiel an der Mangofrucht, so klebt die Halbinsel Jaffna an Sri Lanka. Das Land der Tamilen beginnt freilich schon vor dem Elefantenpass. Dieser schmale Übergang an der Lagune von Jaffna markiert nur die sichtbarste und am schärfsten bewachte Grenze zwischen der »strahlend schönen« Insel und dem uralten Siedlungsgebiet der Hindus, das zum Hinterhof des Paradieses verkommen ist. Der größte Teil der Nordprovinz ist unsicheres Gebiet. Reisen nördlich der Linie Mannar und Trincomalee sind nicht möglich, die Bahnlinie endet heute bei Vavunya.

Auch die Traumstrände an der Ostküste können noch nicht wieder so einfach besucht werden, wie das vor 1983 möglich war. Bis zum Ausbruch der schweren Unruhen in jenem Sommer galten vor allem die Strände zwischen Nilaveli und Batticaloa als Hoffnungszone der Touristikexperten. Rucksacktraveller und andere Individualisten, die Pfadfinder unter den modernen Reisenden, hatten seinerzeit ihre Stammquartiere längst von Hikkaduwa in die Bungalows an den verschwiegenen Buchten der Ostküste verlegt. Aber mit dem Ausbruch des Bürgerkriegs war die touristische Zukunft der Ostküste zu Ende, noch bevor sie so richtig begonnen hatte. Inzwischen fahren aber auf der A 6 von Habarana nach Trincomalee oder Trinco, wie die alte Hafenstadt in der Umgangssprache genannt wird, täglich wieder Konvois von Last- und Personenwagen. Die Regierung in Colombo rechnet auf lange Sicht mit den touristischen Möglichkeiten der Ostküste. Wie optimistisch sie die Lage einschätzt, zeigt ein Blick auf das Flughafenprojekt Trincomalee: In einigen Jahren soll dort ein internationaler Airport das Rollfeld von Colombo entlasten.

Alles ist anders in der Trockenzone nördlich von Anuradhapura und erst recht auf der abgelegenen Halbinsel der Hindus und den vorgelagerten Inseln in der Palkstraße: Vegetation, Landschaft, Kultur, Alltagsszenen.

Auf den Klippen vor Trincomalee, Swami Rock, steht dieser hinduistische Shivatempel Koneswaram

Wenngleich diese Regionen wohl noch auf längere Zeit nicht zu den selbstverständlichen Stationen einer Rundreise gehören werden, gehört ihre Vorstellung doch zum Porträt dieses Landes. Im folgenden finden Sie also die Beschreibung der wichtigsten Orte und Regionen – ohne MARCO POLO Tipps und ohne die gewohnten Hinweise auf Besichtigungsmöglichkeiten.

Einige Hotels haben wieder geöffnet, etwa das *Nilaveli Beach Resort (86 Zi., Tel. 026/220 71, Fax 322 97, Kategorie 3)* am schönen Strand von Nilaveli gerade mal 15 Autominuten von Trinco entfernt. Der Polizeiposten in der Nähe versucht, für Sicherheit zu sorgen. 1999 war an der Ostküste noch immer kein richtiger Urlaubsbetrieb zu erkennen. Vorsicht ist also angeraten!

DIE OSTKÜSTE

Wenn an der West- und Südwestküste im April die bleierne Hitze und wenig später die Monsunzeit anbricht, beginnt im Osten die trockenwarme Saison. Ein angenehmer Wind vom Indischen Ozean wiegt die Palmwedel, die stillen Buchten wirken wie Südseemotive. Was bis Anfang der Achtzigerjahre des 20. Jhs. kleine Gruppen von Reisegenießern anzog, war für die Einheimischen zu allen Zeiten von Nachteil. Wenig Regen, noch dazu viel weniger Wasserläufe als auf der anderen Seite des Berglandes – das bedeutete stets eine mühevolle, wenig ergiebige Landwirtschaft.

Über Jahrhunderte lag der Osten im Windschatten aller Interessen. Erst als Sri Lanka zum Traumziel von Millionen Touristen geworden war und die Reiseveranstalter nach immer neuen Möglichkeiten für tropische Strandferien suchten, geriet die abgelegene Küste in den Blickpunkt der Investoren, Manager und Urlauber. Aber als 1978, also lange vor Ausbruch der schweren Kämpfe zwischen Singhalesen und Tamilen, ein Zyklon die Region um Batticaloa zerstörte, schien der Traum vom neuen, zukunftsträchtigen Paradies auch schon wieder ausgeträumt. Und seit 1983 stehen die wenigen Hotels, Gästehäuser und Restaurants an der Nilavelibucht oder bei Passekudah und Kalkudah leer. Die Besitzer sind längst geflüchtet – wenn es Singhalesen waren, mussten sie dem Druck der tamilischen Untergrundkämpfer weichen. Auch tamilische Hoteliers sahen und sehen sich gezwungen, ihren Besitz den Streitkräften aus Colombo oder deren Gegnern, den Tamil Tigers, zu überlassen. Zerrieben im blutigen Streit zwischen den beiden großen Gruppen werden immer häufiger auch die Muslime, die an der Ostküste fast ein Drittel der Bevölkerung stellen.

Batticaloa (121/E2)

Auch ohne die Einschränkungen der letzten Jahre ist der Weg von Trinco nach Batticaloa mühsam. Lagunen unterbrechen die schlechte Küstenstraße, an mehreren Stellen nur mit klapprigen Fährschiffen zu überwinden. Umso schöner sind dafür die einsamen Strandbuchten, an denen die Reisenden früherer Zeiten immer wieder Station machten, sich über die reiche Vogelwelt freuten oder den Fischern zuschauten, die hier ihre Boote reparierten oder die Netze flickten.

Batticaloa wird vorwiegend von Tamilen und Muslimen bewohnt. Das zurückgeblieben wirkende Provinzstädtchen liegt auf einer Insel, die eigentlich eine Sandbank ist. Wer in Vollmondnächten mit den Fischern in die Lagune hinausfährt, soll, so geht eine alte Legende, die Fische singen hören. Man müsse dazu, so wird es von den Einheimischen erklärt, nur das aufmerksame Ohr ans Ruder halten, wenn dieses ins stille Wasser gehalten wird (dem Autor ist das Wunder der singenden Fische bei wiederholten Versuchen nie zuteil geworden). Die meisten der etwa 25 000 Einwohner arbeiten auf den Reisfeldern, den ausgedehntesten des Landes. Diese fleißigen Bauern sind hinduistische Tamilen. Sie stellen gut drei Viertel der Bevölkerung. Die Muslime – sie sprechen hier an der Ostküste auch Tamilisch – fahren Lastwagen oder sind im Handel und Kleingewerbe tätig. Die Fischer gehören, wie an der Westküste, der christlichen Minderheit an.

Die schönsten Strände – manche sagen: von ganz Sri Lanka – liegen 30 km nach Norden, an den Buchten beiderseits der kleinen Fischerorte Passekudah und Kalkudah. Hier fühlten sich noch bis Mitte der Achtzigerjahre vor allem Rucksackreisende und andere Traveller wohl, die aus Hikkaduwa hierher geflüchtet waren.

Trincomalee **(117/D2-3)**

Obwohl es der größte Ort an der gesamten Ostküste ist, wirkte Trinco – so der gebräuchliche Kurzname – stets verschlafen. Vor den Unruhen lebten hier etwa 50 000 Einwohner. Über die heutige Einwohnerzahl gibt es keine offiziellen Angaben; zahlreiche Menschen sind vertrieben worden oder geflüchtet.

Die Stadt, die sich des größten (und besonders schönen) natürlichen Hafens in Südasien rühmt, hat eine alte, legendenreiche Geschichte. Ravana, der böse Riese aus dem Ramayana-Epos, fand hier sein Ende. Dieser Riese hatte Sita, die schöne Frau des indischen Prinzen Rama, auf die Insel Lanka verschleppt. Als der – mit Hilfe des Affengenerals Hanuman – seine Gemahlin endlich wiederfand, rammte Ravana vor Wut seinen Spieß in den Boden und heulte sieben heiße Tränen. Sie sind nach wie vor zu sehen – sieben Thermalquellen, die in Kanniyai, 10 km nordwestlich von Trinco, aus der Erde sprudeln.

Ein Fort, das die Portugiesen 1624 errichteten, die Holländer nach 1640 ausbauten und die Engländer schließlich dem Herzog von Wellington, dem Sieger von Waterloo, als Wohnsitz schenkten, war lange Zeit die wesentliche Sehenswürdigkeit. Im Zentrum dieser Festung namens Frederick breitet der prächtigste Banyanbaum von ganz Sri Lanka sein Blätterdach aus.

Zweiter Anziehungspunkt für alle, die seinerzeit einen Tagesausflug an die Ostküste machten, war der – heute nicht zugängliche – Swamifelsen. An den zahlreichen Feiertagen der Hindus konnten die Besucher, die stets willkommen waren und meistens von bärtigen Gurus herumgeführt wurden, dort eine eigenartige Opferzeremonie beobachten. Blütenketten, aber auch große Fleischstücke wurden von den Klippen, auf denen der Shivatempel Koneswaram steht, ins Meer geworfen. Dort unten liegen die Trümmer jenes ursprünglichen Tempels, den die Portugiesen zerstört haben, der aber von den Hindus dieser Gegend bis in die Gegenwart verehrt wird. Er soll tausend Säulen gehabt haben und, so steht es in den ganz alten Büchern, einst der prächtigste Shivatempel im tropischen Asien gewesen sein. Eine Zeit lang fühlten sich Taucher herausgefordert, die Reste jenes Bauwerks unter Wasser zu bewundern.

Die herrlichen Buchten, die den kurzen touristischen Boom zwischen 1978 und 1983 auslösten, ziehen sich 30 und mehr Kilometer lang von Nilaveli bis Kuchchaveli. Vor diesen endlos erscheinenden Palmenstränden liegen kleine Inseln von der Art, auf die man sich vor allem im Winterhalbjahr nur zu gern hinträumt. Ein paar Jahre lang waren sie die Geheimtipps der Taucher, Schnorchler und vor allem jener genießerischen Faulenzer, die nur den Wolken und den Wellen und hin und wieder den Booten der Einheimischen nachschauen wollten.

DER NORDEN

Ein Abenteuer, eine Reise ins Abseits war der weite Weg bis hinauf nach Jaffna auch schon, als der Besuch dieser Gebiete noch möglich war. Nördlich von Anuradhapura, auf der A9, die die Nordprovinz in der Mitte durchschneidet, stauten sich die Lastwagenkolonnen vor den Straßensperren. Polizeistationen und andere öffentliche Einrichtungen waren schon lange vor 1983 mit Sandsäcken gesichert wie Festungen. Manchmal konnte man zusehen, wie die Chauffeure der großen Trucks ihre Zwangspausen nutzten, um an den kleinen Tempeln und Statuen am Straßenrand ihre Opfer zu bringen. Sie kauften sich Kokosnüsse, um sie auf einem geheiligten Stein zu zerschlagen. Aus der Art, wie die Schale zerplatzte, konnten sie sich ausmalen, ob ihnen auf dem weiteren Weg nach Norden Glück beschieden sein würde.

Solche Szenen wirkten anders, als Reisende sie aus den buddhistischen Klöstern und Andachtsstätten weiter südlich gewohnt waren. Auch die Gesichter der Dorfleute kamen einem ernster, verschlossener vor als bei den lächelnden Singhalesen im üppig grünen, hellen Süden der Insel. Das Landschaftsbild: flach, rissig, von zahllosen Bächen, Kanälen und künstlichen Wassertanks aufgebrochen – Lebensadern für die vielen Gemüse-, Baumwoll- und Tabakfelder, die die immens fleißigen Tamilen bestellen.

Der Elefantenpass – heute fahren Lastwagen ganz langsam über einen Damm – war in alten Zeiten nur eine Furt. An dieser schmalsten Stelle der Jaffnalagune wurden Elefanten zu den großen Tempelfesten auf die Nordspitze getrieben. Hinter dem Pass, der heute wie eine Grenze zwischen verfeindeten Ländern bewacht wird, begann auch früher schon, als die Reise noch möglich war, ein anderes Land. Indien, so schien es dem

Beobachter, lag nicht nur geografisch viel näher als etwa Colombo und der heitere Südwesten.

Trocken ist der äußerste Norden, in den meisten Jahren fällt zehn Monate und länger kein Regentropfen. Aber das raffinierte Bewässerungssystem aus der alten Zeit läßt Gemüse aus dem sandigen Boden sprießen, dicke Tomaten zum Beispiel und die besten Mangos der Insel. Eine Million Menschen bevölkerte vormals die Halbinsel.

Eine lang gezogene Dünenlandschaft bei Point Pedro wird als kleine Sahara bezeichnet, als eine Wüste, aus der Palmyrapalmen und Christenkreuze ragen. Noch eigenwilliger gibt sich der hohe Norden auf den Inseln, die westlich von Jaffna liegen: Kayts, Punkudutivu, Delft, Inseln zwischen den Welten – noch nicht Indien, nicht mehr Sri Lanka: brettflache Ebenen, Salinen, Palmyrapalmen. In langen Schlangen warten Frauen mit Krügen und Eimern vor Brunnen oder Wasserautos. Die Inseln können ihren Bewohnern nicht genügend Süßwasser liefern. Auf Delft leben wilde Pferde, Nachkommen einer Herde, die einst die Portugiesen ins Land brachten. Im Hafen von Kayts sollen die Segelschiffe des Königs Salomon mit Juwelen, Gewürzen, mit exotischen Tieren und mit Legenden beladen worden sein – Geschichten aus alten Tagen, die nicht mehr ins Heute passen wollen. Über die Inselbrücke zwischen Indien und Sri Lanka organisierten die Terroristen, die aus der Nord- und Ostprovinz ein unabhängiges Tamil Eelam zusammenbomben wollen, jahrelang ihren Waffennachschub aus dem Subkontinent. Erst als tamilische Extremisten Rajiv Gandhi ermordeten, stoppten die Inder die offizielle Unterstützung der radikalen Tamilen auf Sri Lanka. Einem zweiten, eigenständigen Staat auf Sri Lanka, nach dem unseligen Vorbild des geteilten Zypern, sagen internationale Experten ohnehin keine Lebensfähigkeit voraus.

Für Besucher waren neben den eigenwilligen Landschaftsformen vor allem die Tempel und die Feste der Hindus von großer Faszination. Auch wenn nicht gerade Saison für eine der ganz großen Prozessionen war, zu denen während der hochsommerlichen Vollmondtage mehrere Hunderttausend Gläubige strömen, ließ sich doch stets in und vor den Götterburgen der Hindus religiöses Leben studieren, das sich vom Alltag der Buddhisten stark unterscheidet. Weißbärtige Asketen, die Haut nur mit Asche bedeckt, hockten im Staub, Priester und Pilger drängten sich im Dunkel der Tempelstädte, dumpfe Trommelwirbel und ein Labyrinth aus Licht und zuckenden Schatten begleiteten den immerwährenden Tanz der Götter. Holzschnitzer modellierten in monatelanger Arbeit zahlreiche Ornamente und anderen Zierrat als Schmuck für die haushohen Tempelwagen, die einmal im Jahr, eben zum Juli/August-Vollmond, durch die Straßen von Jaffna und der umliegenden Dörfer gezogen wurden.

Jaffna (112/B3)

Obwohl die Metropole der Tamilen mit seinerzeit 150 000 Einwohnern nach Colombo die zweitgrößte Stadt des Landes war, wirkte sie eher kleinstädtisch. Der Verkehr war weitaus geringer als in Kandy oder gar in der Hauptstadt.

Wie überall im extremen Norden regnet es in Jaffna nur sehr selten; die Hitze ist trocken. Lehmwände und die Böden in den mühsam bewässerten Gärten sehen rissig und staubig aus. Früher war das Fort, das die Holländer auf den Ruinen einer portugiesischen Festung gebaut hatten, eine Sehenswürdigkeit. Vor allem die Groote Kerk (aus dem Jahre 1706) im Zentrum dieser Wallanlagen lohnte den Besuch, erzählten doch die Inschriften auf den Grabplatten manches Hintergründige über den Söldnerdienst in uralten Kolonialzeiten.

Bei der Rückeroberung dieser zwischendurch von der tamilischen Guerilla besetzten Festung wurden große Teile des Forts zerstört. Noch Mitte 1997 präsentierte sich Jaffna nach Massendeportationen als Geisterstadt. Die Bibliothek mit dem kostbaren Palmblattmanuskript ist verbrannt, das Rathaus liegt in Schutt und Asche, die Bahngleise sind demontiert. Überlebt hat der Tempel Kandaswami, rund 2 km vom Zentrum entfernt im Vorort Nallur gelegen. Jeden Abend strebten hier gläubige Hindus dem stark ausgeschmückten Tempel entgegen, um ihre Andacht (*Puja*) zu verrichten. Die Anlage, dem Kriegsgott Skanda gewidmet, ist erst knapp 200 Jahre alt. Den sehr viel älteren Kandaswami-Tempel hatten die Portugiesen um 1620 zerstört.

Im Sommer, rund um den Esala-Vollmond, traf sich früher eine halbe Million Menschen in Nallur. Vier Wochen lang stand der Kandaswami im Mittelpunkt eines religiösen Festes, das an Inbrunst und Ekstase noch die Prozessionen von Kandy und Kataragama übertraf.

Mannar **(112/B6)**

Die Halbinsel im Nordwesten, über 300 km von Colombo entfernt, geht in die Adamsbrücke über. Das ist eine Gruppe kleiner, unbewohnter Inseln und Sandbänke, die einmal Teil einer Landbrücke zwischen Indien und Sri Lanka gewesen sein mögen. Früher legten in Talaimannar, dem Dörfchen an der Spitze der Halbinsel, die Fähren aus Rameswaram an, beladen mit Pilgern und anderen Besuchern aus dem Subkontinent, aber stets auch mit Globetrottern, die Sri Lanka auf dem Landwege ansteuerten, in klapprigen VW-Bussen, manchmal sogar mit dem Fahrrad.

Mannar, Hauptort dieser Landzunge, die sich weiter nach Westen dem großen Indien entgegenstreckt, ist ein hübsches Städtchen, geprägt durch ein gut erhaltenes holländisches Viertel, durch arabisch-muslimische Händler und durch einige Nachfahren kanarischer Seeleute (Canarians). Gewaltige Baobabbäume fallen auf. Arabische Kaufleute und Seefahrer haben diese aus Afrika stammenden Bäume vor vielen Hundert Jahren hier angepflanzt.

Etwa 20 km südlich von Mannar lagen früher die ergiebigsten Perlenbänke Ceylons. Aber seit Zuchtperlen den Weltmarkt bestimmen, fischt hier niemand mehr nach diesen glänzenden Kugeln.

Nostalgie auf Schienen, Tempel und Buddhas

Die hier beschriebenen Routen sind in der Übersichtskarte im vorderen Umschlag und im Reiseatlas ab Seite 112 grün markiert

① BAHNFAHRT IM BERGLAND

»Dem Pfad einer intelligenten Kuh« folgten die britischen Eisenbahningenieure, als sie 1863 den Bau der ersten ceylonesischen Bahnstrecke in Angriff nahmen. Es galt, unzählige Hindernisse zu umkurven auf dem Weg ins Hochland. Heute zählt die 12 Stunden und 290 km lange Fahrt mit dem »Podi Menike Express« von Colombo bis nach Badulla – oder in kleineren Etappen mit anderen Zügen – zu den schönsten Eisenbahnreisen Asiens. Durch Gewürzplantagen, Bergwälder und am Grat von Hügelketten entlang verläuft die Strecke, die 1898 m Seehöhe erreicht. Nostalgische Gebäude entlang der Schienenstränge verbreiten ein Pioniergefühl, für das sich nicht nur Eisenbahnenthusiasten begeistern.

Um 5.55 Uhr fährt der »Podi Menike Express« von der Station *Colombo Fort* ab (eine zweite, durchgehende Verbindung, der »Udarata Menike Express«, verlässt Colombo um 9.45 Uhr). Echte Eisenbahnfans unterbrechen die Reise vielleicht schon an der zweiten Station: Bei *Dematagoda,* einem Vorort von Colombo, rosten Relikte aus der Ära der Dampflokomotiven in einer nahe gelegenen Remise vor sich hin. Hier werden Sie vielleicht dazu inspiriert, das erste Teilstück der Strecke bis Kandy mit der nur sporadisch verkehrenden Dampflok »Sir Thomas Maitland« zurückzulegen – mit altmodischen Ventilatoren, antiken Holzverkleidungen und in der grellroten Originalfarbe der ehemaligen kolonialen »Ceylon Government Railways« *(Info: J. F. Tours & Travels, Tel. 01/58 79 96).*

Reisfelder und die Hinteransichten kleiner Dörfer prägen das Bild, sobald der Zug die Hauptstadt hinter sich gelassen hat, und bei *Gampaha* (36 km) bietet sich bereits ein weiterer Blick auf einen Meilenstein der srilankischen Kolonialgeschichte: Nahebei erstreckt sich nämlich der botanische Garten von *Henaratgoda* auf genau der Fläche, wo sich von 1876 an Ceylons erste Kautschukplantage ausdehnte *(tgl. 7.30-17 Uhr, Eintritt 50 Rps.).*

Ambepussa (56 km), 1865 die einstige Endstation des ältesten Streckenabschnitts und Ort eines der ältesten Resthouses Sri Lankas, und wenig später *Alawwa* (63 km), berühmt für seine frühmorgendlichen Betelblatt-Auktionen, liegen am weiteren Streckenverlauf. Hinter *Rambukkana* beginnen die rostbraunen Waggons erstmals kräftig zu ächzen. Die starke Steigung (400 m Höhenunterschied bis zur übernächsten Station *Kadugannawa*) bietet herrliche Blicke auf die üppige Vegetation: dickstämmige Dschungelriesen mit dichtem Lianenbehang, tief eingefurchte Bergtäler und malerische Badeplätze am Flussufer des Maha Oya. Wenig später rollt der Zug in *Peradeniya Junction* ein, einem Vorort von *Kandy (S. 57)*, in unmittelbarer Nähe des schönsten botanischen Gartens des Landes. Hier teilt sich nämlich die Strecke – nach Nordosten Richtung Kandy (lediglich 6 km) oder nach Südwesten ins srilankische Bergland.

Gampola (125 km), zwischen 1344 und 1408 Hauptstadt von Ceylon, ist die erste größere Station auf der Weiterfahrt nach Badulla. Die Markierungen im Wasserstandsanzeiger erinnern hier an die Überschwemmungen des nahen Mahaweli-Flusses. Bei *Inguuoya* (145 km) prägen bereits dicht bewaldete Hügel die Umgebung, während Eisenbahnfans an der nächsten Station, *Galboda,* nach alten Wassertanks aus der Dampflok-Ära Ausschau halten. Bei *Rozelle* (165 km) und erst recht beim 1271 m hoch gelegenen Teeanbauzentrum *Hatton* (173 km) haben die umliegenden Teeplantagen die vorherigen Föhrenwälder bereits abgelöst und dominieren nun den herrlichen Ausblick auf die künstlich entstandene Landschaft des »Tea Country«. Gelb blühende Akazien sorgen als Schattenspender für farbige Tupfer im kräftigen Grün, und die knallroten britischen Leyland-Busse rollen wie Spielzeug über die Hügelkuppen der Gegend. Spätestens hier empfiehlt es sich, die Reise im letzten Waggon fortzusetzen, dem »Observation Saloon« mit seinem breiten Panoramafenster. Südwestlich von Hatton markieren die Ausläufer des *Adam's Peak (S. 82)* Sri Lankas heiligste Landschaft (der Gipfel hüllt sich meist in Wolken), und hinter *Kotagala* rauscht der meistfotografierte Wasserfall des Landes – der *St. Clair Fall* (linke Fensterseite).

Eine ganz andere Attraktion stellt kurz vor *Talawakele* (185 km) die legendäre *Sodawater-Bottle- Kurve* dar: Die extrem eng geführte Haarnadelkurve liegt tatsächlich wie der Umriss einer Sprudelflasche im saftigen Grün. Hinter *Nanu Oya,* der nächstgelegenen Station zum Höhenkurort *Nuwara Eliya (S. 80),* ändert sich die Landschaft ein weiteres Mal: Üppige Farne, dichte Rhododendrenwälder mit graugrünem Irisch Moos an den Ästen und gespenstisch dahinziehende Nebelschwaden verzaubern den einsamsten Abschnitt der gesamten Strecke, die knapp hinter *Pattipola* (223 km) mit 1898 m schließlich ihre höchste Stelle erreicht. Kurz dahinter bewältigt ein Tunnel die eigentliche Passhöhe an der regionalen Grenze zwischen Central und Uva Province.

Rund 200 m vor *Ohiya* (229 km) zeigt eine Hinweistafel den lohnenden Wanderweg zu den *Horton Plains (S. 84)* an (ca. 1,5 Stunden durch dichten Bergwald). Mit Besonderheiten warten auch die beiden nächsten Stationen auf: Bei *Idalgashinna* rattern die Züge genau am Grat der Hügelkette dahin und bieten herrliche Ausblicke. Und beim geruhsamen Marktflecken *Haputale* (246 km) schnauft der Zug direkt durch den lokalen Gemüsemarkt und über die zwischen Gleisen ausgebreiteten Okraschoten und Schlangenkürbisse hinweg. Wer hier stoppt, sollte die Wanderung in das angrenzende Vogelschutzgebiet und zum einsam dort gelegenen *Adisham-Benediktinerkloster* nicht versäumen.

Herrlich ist von hier aber auch der Ausblick Richtung Süden: Hunderte Meter fällt das Land ab und bietet bei günstigen Sichtverhältnissen Ausblicke bis zur Küstenebene. Hinter *Bandarawela (S. 83)* und *Ella (S. 83)* beginnt der Endspurt, der Eisenbahnfans noch einmal das Herz wärmt. Zunächst mit der neunbogigen Brücke, die im Volksmund »Neun Herzen« heißt, und dann mit der einzigen »Achterbahnschleife« des srilankischen Eisenbahnbaus. Bei der Kreiskurve *Demodara Loop* jagt der Zug kurzfristig seinem eigenen Ende hinterher.

In *Badulla (S. 82)*, der nur mehr 680 m hoch gelegenen Hauptstadt der Teeprovinz Uva, endet die Strecke nach 290 km schließlich in einem verschlafenen Zwanzigerjahre-Ambiente: schmiedeeiserne Girlanden, Parkbänkchen und grün getünchte Wärterhäuschen, die ebenso gut in Yorkshire stehen könnten.

② TEMPELTOUR UM KANDY

300 Jahre lang galt die srilankische Königsstadt Kandy als Hochburg der singhalesischen Kultur und buddhistischen Religion. Die heiligste Reliquie des Landes (Zahn des Buddha), der wichtigste Tempel (Zahntempel Dalada Maligawa) und die einflussreichsten Klöster liegen hier. Bereits wenige Schritte außerhalb der Stadt bieten sich zahlreiche weitere alte Tempel und stimmungsvolle Klosteranlagen zum Besuch an. Der Weg dorthin führt durch malerische Reisterrassen und idyllische Dörfer. Am besten lässt sich die Rundtour mit einer Kombination öffentlicher Verkehrsmittel und zu Fuß unternehmen. Dauer je nach Fortbewegungsart: zwischen vier Stunden (mit dem Taxi) und einem ganzen Tag (Bus/Wanderung).

Direkt im Herzen von Kandy kann die Rundtour beginnen. Am Südufer des künstlichen *Milchsees (S. 60)* liegt das weißgetünchte *Kloster Malwatte Vihara,* das König Kirti Sri Raja Singha Mitte des 18. Jhs. für die ins Land geholten siamesischen Mönche ausbauen ließ. Die ältesten Teile datieren allerdings bereits aus dem 16. Jh. Die einfachen Mönchszellen des bis heute hoch angesehenen Eliteklosters und der stimmungsvolle Schrein mit seinen schönen Schnitzereien und seiner bemalten Decke sind eine gute Einstimmung auf die weitere Tempeltour. Ähnliches gilt auch für das etwa 15 Minuten mit der Motorrikscha entfernte *Asgiriya-Kloster* im Nordosten der Stadt am *Lady Manning's Drive.* Hier beeindrucken neben der schönen Hügellage besonders die massiven Türen, ein Elfenbeinthron aus dem 18. Jh. sowie eine große Statue des liegenden Buddha. Die eigentliche Tempelroute führt hingegen in den Südwesten Kandys.

Am Weg nach *Peradeniya (S. 63)* bietet sich nach 5 km ein erster Abstecher von der Hauptstraße zum *Huduhumpola-Tempel* von *Deiyannewela* an. Der schöne Tempel aus dem Jahr 1777 besticht durch Malereien. Herausragend ist dabei eine Darstellung des Adam's Peak. 7 km hinter Peradeniyas botanischem Garten liegt 1 km außerhalb des Dörfchens *Embekke* der dem Kriegsgott Kataragama geweihte Tempel *Embekke Devala* (Anfahrt mit dem stündlich verkehrenden Lokalbus Nr. 644 von Kandys Uhrturm). Der Bau aus dem 14. Jh. ist für seine Schnitzereien berühmt: ausdrucksstark gearbeitete Ringer, Soldaten, Musiker und Tänzerinnen. Die aus dem seltenen Gammalu-Holz gefertigten Pfeiler der offenen Vorhalle sollen einst die Audienzhalle der Könige von Gampola (Hauptstadt bis 1410) geziert haben.

Wanderer genießen von hier aus den knapp 2 km langen und durch Reisfelder führenden Spaziergang zum nördlich von Embekke gelegenen *Lankatilaku-Tempel* (auch per Auto möglich). Imposant trohnt der ursprünglich 1344 im traditionellen singhalesischen Stil errichtete Tempel auf einem Felsvorsprung. Das heutige Gebäude ist ein Resultat jahrhundertelanger Bautätigkeit. Das alte buddhistische Heiligtum im Innern wurde wohl erst später mit Mauernischen umbaut, in denen Hindugötter stehen. Die interessanten Wandgemälde stammen aus dem 17. und das ungewöhnliche Ziegeldach aus dem 19. Jh.

Weitere 3 km nördlich (per Motorrikscha, Lokalbus Nr. 644 und anderen Linien oder zu Fuß durch herrlich grüne Reisfelder) liegt schließlich der *Gadaldeniya-Tempel* – ebenfalls auf einem Steinhügel, der schöne Ausblicke auf die hügelige Landschaft ermöglicht. Der aus Indien stammende Architekt des Mitte des 14. Jhs. gänzlich aus Stein errichteten Tempels ließ einige Elemente aus seiner Heimat einfließen, beispielsweise charakteristische Fresken von Elefanten und Zwergen (Ganas). Bemerkenswert sind die 650 Jahre alten Holztüren mit ihren im Original erhaltenen Bemalungen sowie das antike Buddhabildnis im Inneren des Gebäudes. Es empfiehlt sich ein Besuch des benachbarten Kunsthandwerkerdörfchens *Kiriwavula* mit seinen traditionellen Messinggießereien. Von hier aus ist es nur 1 km bis zur Hauptstraße Colombo–Kandy.

Unermüdliche können nach ihrer Rückkehr in Kandy noch die entgegengesetzte, nordöstliche Richtung einschlagen: Der 10 km hinter Kandy an der Straße nach *Wattegama* liegende Tempel *Degaldoruwa Vihara* aus dem 14. Jh. beherbergt alte Fresken, die das damalige Alltagsleben von Kandy darstellen. Den Rückweg durch einen Tunnel, der von hier aus bis zum Zahntempel führen soll, werden Sie allerdings nicht nehmen können – Archäologen konnten von diesem angeblich einst existierenden Geheimweg bislang keine Spur entdecken.

Von Auskunft bis Zoll

Hier finden Sie kurz gefasst die wichtigsten Adressen und Informationen für Ihre Sri-Lanka-Reise

AUSKUNFT VOR DER REISE

Ceylonesisches Fremdenverkehrsbüro
Für ganz Westeuropa zuständig: *Allerheiligentor 2–4, 60311 Frankfurt/M., Tel. 069/28 77 34 und 28 82 16, Fax 28 83 71*

Internet
Viele Informationen bietet die Homepage *www.lanka.net.* Für weitere Informationen stehen die Suchmaschinen (Suchbegriffe: *sri lanka, ceylon*) zur Verfügung. Ein instruktiver Urlaubsführer ist auch: *www.srilankaholidays.com*

AUSKUNFT IN SRI LANKA

Ceylon Tourist Board
76–78, Steuart Place, P. O. Box 1504, Colombo 3, Tel. 01/43 70 59 und 43 70 60, E-Mail ctb_ch@sri.lanka.net; Auskunftsbüros in Kandy und im Flughafen Katunayake (Colombo), Tel. 01/45 24 11

DIPLOMATISCHE VERTRETUNG

Botschaft der Bundesrepublik Deutschland
40, Alfred House Av., Colombo 3, Tel. 01/58 04 31-34, Fax 58 04 40

Österreichisches Konsulat
424, Union Place, Colombo 2, Tel. 01/69 16 13

Schweizer Botschaft
63, Gregory's Rd., Colombo 7, Tel. 01/69 51 48

EINREISE

Deutsche, Österreicher und Schweizer können für dreißig Tage mit einem gültigen Reisepass ohne Visum einreisen. Eine Verlängerung des Visums ist möglich (max. 90 Tage), beim *Department of Immigration, Marine Drive, Colombo 1, Tel. 01/43 63 53, Mo–Fr 8.30–12 Uhr.*

FERNSEHEN/RADIO

Auf Sri Lanka können bis zu fünf TV-Programme empfangen werden, in einigen Hotels mit Kabelfernsehen sogar das amerikanische Nachrichtenprogramm CNN. Die beiden staatlichen sri-lankischen Kanäle ITN und Rupavahini strahlen zahlreiche Sendungen in Englisch aus, nicht zuletzt auch (zensierte) Nachrichten: ITN täglich um 22 Uhr, Rupavahini täglich um 21.30 Uhr.

FOTOGRAFIEREN

In allen größeren Ortschaften und touristischen Resorts sind Fotomaterial und Batterien erhältlich. Es gibt hier die verbreiteten Sorten der gängigen Markenfilme. Beeinträchtigungen durch unsachgemäße Lagerung sind hier allerdings an der Tagesordnung. Das gilt besonders bei hitzeempfindlichen Diapositivfilmen. Kaum mehr erhältlich – und generell mit noch größerer Vorsicht zu genießen – sind Professional-Filme oder solche mit hohen ASA-Werten. Wer Wert auf Qualität legt, sollte auch auf die Filmentwicklung verzichten.

GELDWECHSEL

Alle Banken wechseln Geld und lösen Reiseschecks (am besten in US$) ein (Pass mitbringen!). Außerhalb der Öffnungszeiten *(Mo bis Fr 9–13 Uhr)* kann man im Flughafen und bei der *Bank of Ceylon* in der *York St.* in Colombos Fortviertel umtauschen *(Mo bis Fr 9–18 und Sa, So 9–16 Uhr)*.

GESUNDHEIT

Abgefülltes Mineralwasser ist überall erhältlich. Trinken Sie ansonsten nur abgekochtes Wasser, keine Getränke mit Eiswürfeln, und essen Sie nur geschältes Obst. Vorsicht auch bei offenem Büffeljoghurt *(curd)* und Speiseeis! Wer einen empfindlichen Magen hat, sollte Straßenbuden meiden. Vor der Reise empfehlen sich Auffrischungen der *Tetanus-, Diphtherie- und Polioprophylaxe* und eine Impfung gegen *Hepatitis A* sowie *Typhus*. Das *Malariarisiko* ist eher gering, wenn Sie abends/nachts den ganzen Körper bedeckende Kleidung tragen und Mückensalbe verwenden.

Die meisten *Ärzte* und *Apotheker* sind in den größeren Orten gut ausgebildet und ausgestattet. Sie sprechen alle Englisch. Die besten (privaten) Krankenhäuser in Colombo sind *Joseph Frazer Hospital (Tel. 01/58 83 85)* und *Nawaloka (Tel. 01/54 44 44)*. Apotheken heißen *Pharmacy* oder *Dispensary (Osu Sala in Colombo hat tgl. rund um die Uhr geöffnet, Tel. 01/58 71 28)*. Alle Leistungen müssen Sie sofort und in bar bezahlen.

HOTELS

Die Auswahl an Zimmern und Unterkünften aller Kategorien ist in Sri Lanka sehr vielfältig. Neben Luxushotels von internationalem Niveau stehen einfache Pensionen, Gästehäuser und sogar Privatunterkünfte zur Verfügung. Handelt es sich bei Letzteren um „Homestays", so wird in der Regel auch srilankische Landeskost im familiären Kreis mit angeboten – eine kulinarische Erfahrung, die man sich nicht entgehen lassen sollte.

Vielerorts gibt es auch außergewöhnliche Hotels zu vergleichsweise günstigen Preisen, etwa die alten kolonialen Grand Hotels der Briten und Niederländer in Colombo, Galle oder Nuwara Eliya – allesamt Häuser für Liebhaber! Koloniale Prägung haben aber auch die vielen preisgünstigen und staatlich geführten Resthouses, die Anfang des 20. Jhs. im ganzen Land gebaut wurden. Verwaltet werden die Resthouses von *Ceylon Hotels Corporation, Galle Rd. 411, Colombo 4, Tel. 01/50 34 97, Fax 50 35 04.*

Hier kann man auch Reservierungen vornehmen.

Die Preisschwankungen vieler Hotels sind enorm. Sie richten sich nach Saison, aktueller Nachfrage und Gegend. In Touristenzentren sind Schwankungen von 50 Prozent durchaus an der Tagesordnung.

MIETWAGEN

Es empfiehlt sich, einen Leihwagen mit Chauffeur zu mieten. Wer allein steuern möchte, muss einen höheren Versicherungsschutz bezahlen.

Ein kleiner Mittelklassewagen mit Fahrer kostet für eine Woche bei etwa 1500 km Fahrleistung rund 450 Mark, inklusive Benzin und Unterkunft/Verpflegung für den Fahrer.

NATIONALPARKS

Sri Lanka besitzt gegenwärtig 13 Nationalparks und eine Reihe von Naturschutzgebieten, von denen zurzeit nur wenige uneingeschränkt besucht werden können. Aktuelle Informationen erteilen lokale Fremdenverkehrsämter und das:

Department of Wildlife Conservation
Rajamalwatte Road 82, Battaramulla, Tel. 01/86 70 85
Hier können Reservierungen für Bungalows in Nationalparks getätigt werden. Alle Bungalows haben fließendes Wasser, sanitäre Einrichtungen sowie Kerosinlampen und verfügen über Wartungspersonal.

Mindestanzahl der Anmeldungen: 5 Personen, maximale Aufenthaltsdauer: 3 Nächte.

ÖFFENTLICHE VERKEHRSMITTEL

Für kürzere Strecken kann man die *rotsilbernen und gelben Busse* der staatlichen CTB ruhig benutzen; für längere Wege ist die *Bahn* angenehmer. *Taxis* gibt es überall.

Vorsicht vor *Minibussen:* Sie fahren sehr schnell und sind oft überladen. *Inlandflüge* gibt es aus Sicherheitsgründen nicht mehr.

ÖFFNUNGSZEITEN

Die meisten Firmen und Behörden in Sri Lanka haben offiziell von Montag bis Freitag zwischen 8.30 und 16.30 Uhr geöffnet. Die Läden sind meist von Mo bis Fr von 8.30 bis 19 Uhr, viele auch samstags bis 13 Uhr geöffnet. Ganz anders verhält es sich mit den zahllosen kleinen Läden der Basare und touristischen Orte. Diese sind von frühmorgens um sieben bis etwa zehn Uhr abends und meist sieben Tage pro Woche geöffnet. Große Hotels bieten überdies einen 24-Stunden-Service für diverse Dienstleistungen an.

POST

Postämter gibt es auch in kleinen Orten (*Mo–Fr 8.30–16.30, Sa 8.30–13 Uhr*). Luftpost braucht nach Westeuropa 7 bis 10 Tage. Das *Hauptpostamt* in Colombo Fort (*G. P. O.*) ist rund um die Uhr geöffnet.

REISEZEIT

Ideal: Dezember–März. Heiß und stickig: April/Mai. Regenzeit an der Westküste: Mitte Mai bis August, manchmal bis Oktober. An der Ostküste ist es im

Sommer trocken. Temperaturen an den Küsten um 30 Grad C. In Kandy und im Hochland ist es kühler und die Luftfeuchtigkeit erheblich geringer.

SAMMELTICKET

Wird vom Cultural Triangle Office *(CTO)* ausgestellt, kostet *37,50 $* und gilt für alle Sehenswürdigkeiten im »Kulturellen Dreieck« *(Anuradhapura, Pollonaruwa, Sigiriya, Kandy)*, nicht aber für Kandys Zahntempel. *CTO: 212 Buddhaloka Maw., Colombo 7, Tel. 01/50 07 31*

STROMSPANNUNG

230–240 Volt, Adapter mitnehmen (dreipolige Stecker!).

TAXI & RIKSCHA

Herkömmliche Taxis verkehren nur in Colombo, Galle und Kandy. Man erkennt die offiziellen Fahrzeuge am weißen Nummernschild mit roten Ziffern. Ältere Taxis sind oft schwarz lackiert und haben ein gelbes Dach. Der Preis muss vor Fahrtantritt ausgehandelt werden. Taxis kosten pro Kilometer – und theoretisch – mindestens 16 Rps. Telefonisch vorbestellbare Funktaxis wie *Quick Cabs (Tel. 01/50 28 88)* berechnen in Colombo 26 Rps. pro Kilometer. Für eine Überlandstrecke von 50 Kilometern können etwa 15 bis 25 Mark veranschlagt werden.

Den größten Teil des Stadtverkehrs und des Nahtransportes zwischen den Dörfern übernehmen aber die dreirädrigen Motorrikschas. 25 Rps. pro Kilometer können als Anhaltspunkt und Verhandlungsbasis gelten, in Städten wie Colombo oder Kandy liegen die Tarife höher. Auch hier müssen Sie den Fahrpreis in jedem Fall vor Fahrtbeginn aushandeln.

TELEFON

Ein Dreiminutengespräch (meist über Operator) nach Europa kostet (je nach Hotelzuschlag) 25 bis 35 Mark. Günstiger ist es von den Kartentelefonen im ganzen Land. Wertkarten für *Payphone* oder *Metrocard* gibt es auf Postämtern und am Kiosk für 50, 100, 200 oder 500 Rps. Das *Hauptpostamt* in Colombo vermittelt von 7 bis 21 Uhr internationale Gespräche. *Vorwahl Sri Lanka 0094; Vorwahl Deutschland 0049, Österreich 0043, Schweiz 0041*

TRINKGELD

Es ist üblich, Trinkgeld zu geben. Kofferträger erhalten mindestens 10 Rps., Taxifahrer höchstens 20 Rps. In Restaurants geben Sie maximal 10 Prozent des Betrags.

ZEIT

Wenn in Mitteleuropa Winterzeit ist, müssen die Uhren auf Sri Lanka um 4½ Stunden vorgestellt werden, sonst um 3½ Stunden.

ZEITUNGEN

Tageszeitungen (einschließlich Sonntagszeitungen) erscheinen in englischer, singhalesischer und tamilischer Sprache. »Daily News« ist eine regierungsamtliche Zeitung, und »The Island« befindet sich in privaten Händen. Beide haben hohe Auflagen und berichten ausführlich über lokale, relativ wenig dagegen über internationale Belange. Internationale Zeitungen sind mit einiger Verspätung und nur in den Luxushotels zu erhalten.

Wer an der gesamten Region interessiert ist, findet das empfehlenswerte, wöchentlich erscheinende Magazin »Asia Week«, eine Art Asien-Kopie des US-Magazins »Newsweek«.

ZOLL

Zollfrei einführen darf man u. a. 200 Zigaretten, 2 Flaschen Wein und 1,5 l Spirituosen. Erlaubte Ausfuhr von Tee: 5 kg. Nicht erlaubt – hier wie dort – ist die Ein- oder Ausfuhr von Antiquitäten, von Schildkrötenpanzern, Schildpatt oder Elfenbein. Bei der Einreise nach D, A und in die Schweiz gelten u. a.: 200 Zigaretten, 1 l Spirituosen, 50 g Parfüm.

WETTER IN COLOMBO

Die monatlichen Durchschnittswerte im Überblick

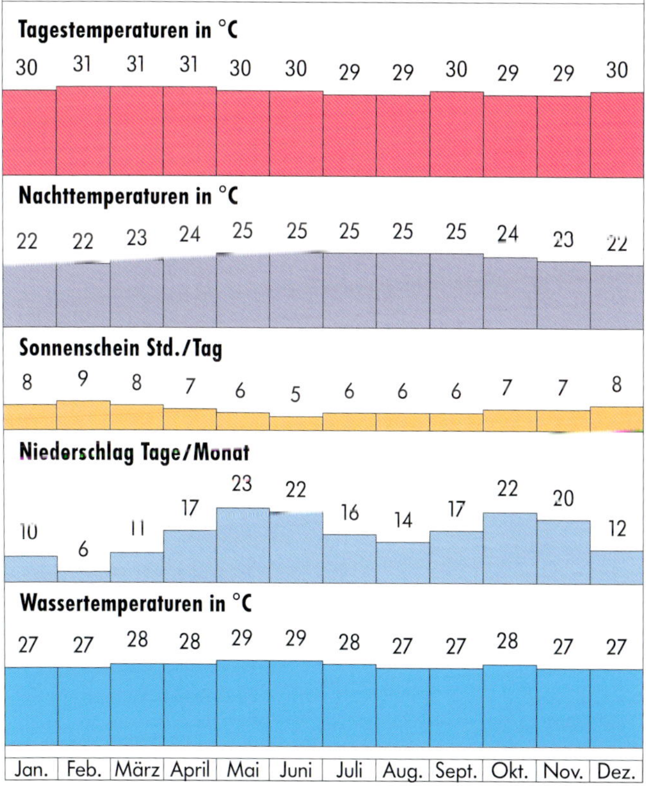

Bloß nicht!

Was Sie in Sri Lanka unbedingt vermeiden sollten, wo Sie aufpassen müssen

Nackt oder oben ohne (sonnen)baden
Auch wenn es an manchen Hotelstränden üblich geworden ist: Barbusige Frauen (und natürlich erst recht: nackte Menschen beiderlei Geschlechts) passen nicht zur Kultur des Landes. Sitten und Schamgefühl der Einheimischen werden auf diese Weise verletzt.

Jeden Preis zahlen
Das Spiel ist bekannt: Srilanker wissen, dass auch Touristen feilschen, und setzen die Preise sicherheitshalber noch weitere 50 Prozent höher an. Dagegen hilft gerade in den Touristengebieten nur eines: nie vergessen, dass das durchschnittliche Einkommen kaum 200 Mark im Monat überschreitet – vorausgesetzt, es gibt Jobs –, dass ein durchschnittliches Einheimischenmenü gerade 3 Mark kostet und fünfzehn Kilometer in der Motorrikscha 4 bis 6 Mark.

Kinder zu Bettlern erziehen
Auch wenn die rotznäsigen und halbnackten Dorfkinder beim Fotostopp Ihr Herz rühren: Werfen Sie nicht mit Bonbons um sich. Geben Sie Kugelschreiber oder Buntstifte lieber (via Reiseleiter oder Fahrer) Lehrern oder Institutionen. Helfen Sie mit, damit aus Kindern nicht Bettler werden, die wegen dieses Nebenerwerbs die Schule schwänzen.

Den Helden spielen
Wenn vor Reisen, etwa vor Fahrten in Unruhegebiete an die Ostküste und erst recht in die nördlichen Regionen, gewarnt wird, dann ist das ernst gemeint. Es kann lebensgefährlich sein, derartige Warnungen zu ignorieren.

Religiöse Gefühle verletzen
Das kann unabsichtlich geschehen, etwa beim Fotografieren von Einheimischen, die in Tempeln und vor Buddhastatuen beten oder Blütenopfer bringen. Wenn überhaupt, sollte mit einer zurückhaltenden Geste »gefragt« werden. Angemessene Kleidung an heiligen Plätzen (dazu zählen auch die Ruinen in Polonnaruwa oder Anuradhapura) versteht sich von selbst. In Tempeln müssen Arme und Beine bedeckt sein; keine Kopfbedeckung, barfuß!

Laut werden
Wer das tut, hat in Asien schnell sein Gesicht verloren. Singhalesen und Tamilen sprechen leise und lächeln häufig. Sie können nicht verstehen, dass ihre Gäste – etwa bei kleinen Pannen im Hotel oder auf Ausflügen – mit Schreien und heftiger Gestik etwas erreichen wollen.

Sprechen und Verstehen ganz einfach

Zur Erleichterung der Aussprache sind alle englischen Wörter mit einer einfachen Aussprache (in eckigen Klammern) versehen. Folgende Zeichen sind Sonderzeichen:

ə nur angedeutetes »e« wie in bitte

θ [s] gesprochen mit der Zungenspitze zwischen den Zähnen

AUF EINEN BLICK

Ja./Nein.	Yes. [jäs]/No. [nəu]
Vielleicht.	Perhaps. [pə'häps]/Maybe. ['mäibih]
Bitte.	Please. [plihs]
Danke.	Thank you. ['θänkju]
Vielen Dank!	Thank you very much. ['θänkju 'wäri 'matsch]
Gern geschehen.	You're welcome. [joh 'wälkəm]
Entschuldigung!	I'm sorry! [aim 'sori]
Wie bitte?	Pardon? ['pahdn]
Ich verstehe Sie/dich nicht.	I don't understand. [ai dəunt andə'ständ]
Ich spreche nur wenig …	I only speak a bit of … [ai 'əunli spihk ə'bit əw …]
Können Sie mir bitte helfen?	Can you help me, please? ['kən ju 'halp mi plihs]
Ich möchte …	I'd like … [aid'laik]
Das gefällt mir (nicht).	I (don't) like it. [ai (dəunt) laik‿it]
Haben Sie …?	Have you got …? ['həw ju got]
Wie viel kostet es?	How much is it? ['hau'matsch is it]
Wie viel Uhr ist es?	What time is it? [wot 'taim is it]

KENNENLERNEN

Guten Morgen!	Good morning! [gud 'mohning]
Guten Tag!	Good afternoon! [gud ahftə'nuhn]
Guten Abend!	Good evening! [gud 'ihwning]
Hallo! Grüß dich!	Hello! [hə'ləu]/Hi! [hai]
Mein Name ist …	My name is … [mai näims …]
Wie ist Ihr/Dein Name?	What's your name? [wots joh 'näim]
Wie geht es Ihnen/dir?	How are you? [hau 'ah ju]
Danke. Und Ihnen/dir?	Fine thanks. And you? ['fain θänks, ənd 'ju]
Auf Wiedersehen!	Goodbye!/Bye-bye! [gud'bai/bai'bai]
Tschüss!	See you!/Bye! [sih ju/bai]
Bis bald!	See you soon! [sih ju 'suhn]
Bis morgen!	See you tomorrow! [sih ju tə'mərəu]

Auskunft

links/rechts	left [läft]/right [rait]
geradeaus	straight on [sträit 'on]
nah/weit	near [niə]/far [fah]
Bitte, wo ist …?	Excuse me, where's …, please? [iks'kjuhs 'mih 'weəs … plihs]
Hauptbahnhof	main station ['mäin 'stäischn]
Busbahnhof	bus station [baß'stäischn]
Flughafen	airport ['eəpoht]
Wie weit ist das?	How far is it? ['hau 'fahr‿is‿it]
Ich möchte … mieten.	I'd like to hire … [aid'laik tə 'haiə]
… ein Auto	… a car [ə 'kah]
… ein Fahrrad	… a bike [ə 'baik]
… ein Motorboot	… a motorboat [ə 'məutəbəut]

Panne

Ich habe eine Panne.	My car's broken down. [mai 'kahs 'brəukn 'daun]
Würden Sie mir bitte einen Abschleppwagen schicken?	Would you send a breakdown truck, please? ['wud ju sänd ə bräikdaun trak plihs]
Gibt es hier in der Nähe eine Werkstatt?	Is there a garage nearby? ['is θeə‿ə 'gärahdsch 'niərbai]

Tankstelle

Wo ist die nächste Tankstelle?	Where's the nearest petrol station? ['weəs θə 'niərist 'pätrəlstäischn]
Ich möchte … Liter …	… litres of … ['lihtəs əw]
… Normalbenzin.	… petrol, [pätrəl]
… Super.	… premium, [prämium]
… Diesel.	… diesel, ['dihsl]
… bleifrei/verbleit.	… unleaded/leaded, please. [an'lädid/'lädid plihs]
Voll tanken, bitte.	Full, please. ['ful plihs]

Unfall

Hilfe!	Help! [hälp]
Achtung!	Attention! [ə'tänschn]
Vorsicht!	Look out! ['luk 'aut]
Rufen Sie bitte …	Please call … ['plihs 'kohl]
… einen Krankenwagen.	… an ambulance. [ən 'ämbjuləns]
… die Polizei.	… the police. [θə pə'lihs]
… die Feuerwehr.	… the fire-brigade. [θə 'faiəbri,gäid]
Es war meine Schuld.	It was my fault. [it wəs 'mai 'fohlt]
Es war Ihre Schuld.	It was your fault. [it wəs 'joh 'fohlt]
Geben Sie mir bitte Ihren Namen und Ihre Anschrift.	Please give me your name and address! [plihs giw mi joh 'näim ənd ə'dräs]

ESSEN/UNTERHALTUNG

Wo gibt es hier …	Is there … here? [ˈis θeər … ˈhiə]
… ein gutes Restaurant?	… a good restaurant [ə ˈgud ˈrästərohng]
… ein typisches Restaurant?	… a restaurant with local specialities [ə ˈrästərohng wiθ ˈləukl ˌspäschiˈälitis]
Gibt es hier eine gemütliche Kneipe?	Is there a nice pub here? [ˈis θeər‿ə nais ˈpab hiə]
Reservieren Sie uns bitte für heute Abend einen Tisch für 3 Personen.	Would you reserve us a table for three for this evening, please? [ˈwud ju riˈsöhw əs ə ˈtäibl fə ˈθrih fə θis ˈihwning plihs]
Auf Ihr Wohl!	Cheers! [tschiəs]
Bezahlen, bitte.	Could I have the bill, please? [ˈkud ai häw θə ˈbil plihs]
Haben Sie einen Veranstaltungskalender?	Have you got a diary of events? [həw ju got‿ə ˈdaiəri‿əw iˈwänts]

EINKAUFEN

Wo finde ich …?	Where can I find …? [ˈweə ˈkən‿ai ˈfaind …]
Apotheke	chemist's [kämists]
Bäckerei	baker's [bäikəs]
Fotoartikel	photographic materials [ˌfəutəˈgräfik məˈtiəriəls]
Kaufhaus	department store [diˈpahtmənt stoh]
Lebensmittelgeschäft	food store [ˈfuhd stoh]
Markt	market [ˈmahkit]

ÜBERNACHTUNG

Können Sie mir bitte … empfehlen?	Can you recommend …, please? [kən ju ˌräkəˈmänd … plihs]
… ein Hotel	… a hotel [ə həuˈtäl]
… eine Pension	… a guest-house [ə ˈgästhaus]
Ich habe bei Ihnen ein Zimmer reserviert.	I've reserved a room. [aiw riˈsöhwd‿ə ˈruhm]
Haben Sie noch …	Have you got … [həw ju got]
… ein Einzelzimmer	… a single room [ə ˈsingl ruhm]
… ein Doppelzimmer	… a double room [ə ˈdabl ruhm]
… mit Dusche/Bad?	… with a shower/bath? [wiθ ə ˈschauə/bahθ]
… für eine Nacht?	… for one night? [fə wan ˈnait]
… für eine Woche?	… for a week? [fə ə ˈwihk]
Was kostet das Zimmer mit …	How much is the room with … [ˈhau ˈmatsch is θə ruhm wiθ]
… Frühstück?	… breakfast? [ˈbräkfəst]
… Halbpension?	… half board? [ˈhahfˈbohd]
… Vollpension?	… full board? [ˈfulˈbohd]

Arzt

Können Sie mir einen guten Arzt empfehlen?	Can you recommend a good doctor? [kən ju ˌräkə'mänd ə gud 'doktə]
Ich habe hier Schmerzen.	I've got pain here. [aiw got päin 'hiə]

Bank

Wo ist hier bitte …	Where's the nearest … [weəs θə 'niərist]
… eine Bank?	… bank? [bänk]
… eine Wechselstube?	… exchange-office? [iks'tschäinsch‿ofis]
Ich möchte … DM (Schilling, Schweizer Franken) wechseln.	I'd like to change … Marks (Austrian shillings, Swiss francs). [aid laik tə tschäinsch … 'mahks ('ostriən 'schillings/ 'swis 'fränks)]

Post

Was kostet …	How much is … ['hau 'matsch is]
… ein Brief …	… a letter … [ə 'lätə]
… eine Postkarte …	… a postcard … [ə pəustkahd]
… nach Deutschland?	… to Germany? [tə 'dschöhməni]

Zahlen

0	zero, nought [siərəu, noht]	19	nineteen [ˌnain'tihn]
1	one [wan]	20	twenty ['twänti]
2	two [tuh]	21	twenty-one [ˌtwänti'wan]
3	three [θrih]	30	thirty ['θöhti]
4	four [foh]	40	forty ['fohti]
5	five [faiw]	50	fifty ['fifti]
6	six [siks]	60	sixty ['siksti]
7	seven ['säwn]	70	seventy ['säwnti]
8	eight [äit]	80	eighty ['äiti]
9	nine [nain]	90	ninety ['nainti]
10	ten [tän]	100	a (one) hundred ['ə (wan) 'handrəd]
11	eleven [i'läwn]		
12	twelve [twälw]	1000	a (one) thousand ['ə (wan) 'θausənd]
13	thirteen [θöh'tihn]		
14	fourteen [ˌfoh'tihn]	10000	ten thousand ['tän 'θausənd]
15	fifteen [ˌfif'tihn]		
16	sixteen [ˌsiks'tihn]	1/2	a half [ə 'hahf]
17	seventeen [ˌsäwn'tihn]	1/4	a (one) quarter ['ə (wan) 'kwohtə]
18	eighteen [ˌäi'tihn]		

Menu

Speisekarte

BREAKFAST	FRÜHSTÜCK
coffee (with cream/milk) ['kofi (wiθ 'krihm/'milk)]	Kaffee (mit Sahne/Milch)
decaffeinated coffee [di'käfin,äitid 'kofi]	koffeinfreier Kaffee
hot chocolate ['hot 'tschoklit]	heiße Schokolade
tea (with milk/lemon) [tih (wiθ 'milk/'lämen)]	Tee (mit Milch/Zitrone)
scrambled eggs ['skrämbld 'ägs]	Rühreier
poached eggs ['pəutscht 'ägs]	verlorene Eier
bacon and eggs ['bäikn ən 'ägs]	Eier mit Speck
fried eggs ['fraid 'ägs]	Spiegeleier
hard-boiled/soft-boiled eggs ['hahdboild/'softboild ägs]	harte/weiche Eier
(cheese/mushroom) omelette [(tschihs/'maschrum/tə'mahtəu)'omlit]	(Käse-/Champignon-)Omelett
bread/rolls/toast [bräd/rəuls/təust]	Brot/Brötchen/Toast
butter ['batə]	Butter
honey ['hani]	Honig
jam/marmelade [dschäm/'mahməläid]	Marmelade/Orangenmarmelade
pancakes ['pänkäiks]	Pfannkuchen
curd [körd]	Büffeljoghurt
hoppers (with egg) [hoppəs wiθ äg]	Reisteigfladen (mit Ei)
fruit ['fruht]	Obst

HORS D'ŒUVRES/SOUPS	VORSPEISEN/SUPPEN
ham [häm]	Schinken
onion rings ['ənjən rings]	fritierte Zwiebelringe
shrimp/prawn cocktail ['schrimp/'prohn 'koktäil]	Garnelen-/Krabbencocktail
seafood salat [sifuhd säləd]	Meeresfrüchtesalat
clear soup/consommé [kliə suhp/kən'somäi]	Fleischbrühe
cream of chicken soup [krihm əw 'tschikin suhp]	Hühnercremesuppe
sweet corn soup [swiht 'kohn suhp]	Maissuppe
cream of tomato soup [krihm‿əw tə'mahtəu suhp]	Tomatencremesuppe
vegetable soup ['wädschtəbl suhp]	Gemüsesuppe

FISH/SEAFOOD	FISCH/MEERESFRÜCHTE
cod [kod]	Kabeljau
crab [kräb]	Krebs
fish curry [fisch karri]	Fischeintopf
haddock ['hädək]	Schellfisch
lobster ['lobstə]	Hummer
mussels ['masls]	Muscheln
oysters ['oistəs]	Austern
prawns [prohns]	Garnelen
plaice [pläis]	Scholle
red mullet [räd malit]	Seebarbe
salmon ['sämən]	Lachs
shark [schahk]	Haifisch
sole [səul]	Seezunge
squid [skwid]	Tintenfisch
sword fish [swoht fisch]	Schwertfisch
trout [traut]	Forelle
tuna ['tjuhnə]	Thunfisch

MEAT AND POULTRY	FLEISCH UND GEFLÜGEL
barbequed spare ribs ['bahbəkjuhd 'speə ribs]	gegrillte Schweinerippchen
beef [bihf]	Rindfleisch
beef curry [bihf karri]	Rindereintopf
chicken ['tschikin]	Hähnchen
chop/cutlet [tschop/'katlit]	Kotelett
fillet (steak) ['filit (stäik)]	Filet(steak)
gravy ['gräivi]	Fleischsoße
ham [häm]	Schinken
hamburger ['hämböhgə]	Hamburger
lamb (with mint sauce) [läm (wiθ 'mint 'sohs)]	Lamm (mit einer sauren Minzsoße)
liver (and onions) ['liwə(r ən 'anjəns)]	Leber (mit Zwiebeln)
minced beef ['minst 'bihf]	Hackfleisch vom Rind
mutton ['matn]	Hammelfleisch
mutton biriyani [matn birijani]	Reisgericht mit Hammel
pork [pohk]	Schweinefleisch
rump steak ['ramp stäik]	Rumpsteak
sausages ['sosidschis]	Würstchen
sirloin steak ['söhloin stäik]	Lendenstück vom Rind
T-bone steak ['tihbəun stäik]	Rindersteak mit T-förmigem Knochen
veal [wihl]	Kalbfleisch

VEGETABLES AND SALAD	GEMÜSE UND SALAT
baked beans ['bäikt 'bihns]	gebackene weiße Bohnen in Tomatensoße
beetroot ['bihtruht]	Rote Bete
cabbage ['käbidsch]	Kohl
carrots ['kärəts]	Karotten
cauliflower ['koliflauə]	Blumenkohl
chilie [tschili]	getrocknete Peperonischote
chips/French fries [tschips/'fränsch 'frais]	Pommes frites
chutney [tschatni]	Fruchtmus (keine Nachspeise!)
cucumber ['kjuhkamba]	Gurke
eggplant [ägplänt]	Aubergine
fritters/ hash browns ['fritəs/'häsch bräuns]	Bratkartoffeln
leek ['lihk]	Lauch
lentils ['läntils]	Linsen
lettuce ['letis]	Kopfsalat
mashed potatoes [mäscht pə'täitəus]	Kartoffelbrei
mushrooms ['maschrums]	Pilze
onions ['anjəns]	Zwiebeln
peas ['pihs]	Erbsen
peppers ['päpəs]	Paprika
pumpkin ['pampkin]	Kürbis
spinach ['spinidsch]	Spinat
sweetcorn ['swihtkohn]	Mais
tomatoes [tə'mahtəus]	Tomaten
turnips ['təhnips]	Rüben

DESSERT AND CHEESE	NACHSPEISEN UND KÄSE
apple pie ['äpl 'pai]	gedeckter Apfelkuchen
brownie ['bräuni]	Schokoladenplätzchen
cashew nut fudge [käschjuh nat fadsch]	Zuckerwerk aus Cashewnüssen
Cheddar ['tschädə]	kräftiger Käse
coconut patty [kəukənat pätti]	Kokosnusspastetchen
Cottage cheese ['kotidsch 'tschihs]	Hüttenkäse
cream [krihm]	Sahne
custard ['kastəd]	Vanillesoße
fruit cake ['fruht käik]	Kuchen mit viel Korinthen, Rosinen usw.
fruit salad [fruht 'säləd]	Obstsalat
ice-cream ['ais'krihm]	Eiscreme
pancakes ['pänkäiks]	Pfannkuchen
pastries ['päistris]	Gebäck
rice pudding ['rais 'puding]	Reisbrei
watlalapam [watlalapam]	Eierpudding mit Karamell

FRUIT	OBST
apples ['äpls]	Äpfel
apricots ['äiprikots]	Aprikosen
bananas [bə 'nahnəs]	Bananen
blackberries ['bläkbris]	Brombeeren
coconut [kəukənat]	Kokosnuss
dates [däits]	Datteln
grapes [gräips]	Weintrauben
jackfruit [dschäkfruht]	Jackfrucht
lime [laim]	Limone
mango [mängo]	Mango
melon ['mälən]	Melone
oranges ['orindschis]	Orangen
peaches ['pihtschis]	Pfirsiche
pears [peəs]	Birnen
pineapple ['pain,äpl]	Ananas
plums [plams]	Pflaumen
strawberries ['strohbris]	Erdbeeren

Beverages
Getränkekarte

ALCOHOLIC DRINKS	ALKOHOLISCHE GETRÄNKE
arrak [arak]	Palmschnaps
beer [biə]	Bier
brandy ['brändi]	Schnaps
champagne [schäm'pain]	Champagner
cognac ['konjäk]	Kognak
red/white wine [räd/wait wain]	Rot-/Weißwein
dry/sweet [drai/swiht]	trocken/lieblich
sparkling wine ['spahkling wain]	Sekt
table wine ['täibl wain]	Tafelwein

SOFT DRINKS	ALKOHOLFREIE GETRÄNKE
cream soda [krihm 'səudə]	Limonade mit Vanillegeschmack
fruit juice ['fruht dschuhs]	Fruchtsaft
lemonade [,lämə'näid]	Limonade
lime juice [laim dschuhs]	Limonenwasser
milk ['milk]	Milch
mineral water ['minrl ,wohtə]	Mineralwasser
soda water ['səudə ,wohtə]	Selterswasser
tomato juice [tə'mahtəu dschuhs]	Tomatensaft

Reiseatlas Sri Lanka

Die Seiteneinteilung für den Reiseatlas finden Sie auf dem hinteren Umschlag dieses Reiseführers

A
B
C
1
2
3
4
5
6
Jaffna Peninsula
Palk Strait
Naguleswarm Shiva Kovil
Kankesanturai
Keerimalai
Senthankulam
Valvettitturai
Valalai
Point Pedro
Tumpalai
Uduppidi
Palali
Puloli
Nelliadi
Karaveddi
Vallipuram
Manalkadu Desert
Pandattarippu
Tellippalai
Vasavilan
Atchuveli
Dutch Church
Vallipura Alvar Kovil
Karaitivu
Moolai
Chankanai
Chittankeni
Kantharodai Ruins
Chunnakam
Puttur
Nilavarai Tidal Well
Varani
Ampa
Karainagar
Hammenhiel Fort
Vaddukoddai
Urampiram
Eluvaitivu
Kalapoomy
Manippay
Neerveli
Urundi Fort
Kayts
Lagoon
Arali
Kokkuvil
Kopai
Anaicoddai
Sarasalai
Kandaswamy Kovil
Kodikamam
Analaitivu
Karampan
JAFFNA
Navatkuli
Kaitadi
Mirusuvil
Narantanai
Chavakachcheri
Archaeological Museum
Eluthun
Saravanai
Dutch Fort
Kachchai
Suruvil
Velanai
A32
A9
Allaippiddi
Kilali
Nainativu
Irruppiddi
Kayts (Velanai)
Mandaitivu
26
Karativu
Nagadipa Vihara
Naga Pooshani Ammal Kovil
Punkudutivu
Kalmunai
Delft Channel
Kavutarimunai
Tanmakk
Periyaturai
Mavelitурai
Jaffna Lag
Vediresan Koddai
Delft
(Neduntivu)
Pooneryn
Dutch Fort
Cheddiyakurichch
St. Anthony
Palaitivu
Nallur
Kakerativu
Mandekal Aru
Palavi
Nawaladi
Sempankundu
Periya
Uruthirap
Devil's Point
Ponnayeli
Akkarayan Aru
Palk Bay
Valappadu
Chunnavil
Veravil
Kiranchi
Kunchukkulam
Erumaitivu
Manniyakulam
Iranaitivu North
Kakkativu
Pallawarayankaddu
Kumulamunai
Akkarayan Kulam
Iranaitivu South
Kariyale Nagapaduwan
Vellankulam
North
Uyilankulam
Pali Aru
Mundampiddi
Tunukkai
91
Dhanshkodi 3h
Oddankulam
Iluppaikkadavai
Kurunthankulam
Talaimannar
Pesalai
Mannar Island
Parappukkal
Iramiyankul
A14
37
Kalliyadi
Attimoddai
Adam's Bridge
Nadukkuda
Erukkulampiddi
Toddaveli
Vidattaltivu
Pallamadu
Malivadi
Nay Aru
Mannar
Madhu Road
Periyamadhu
Tirukketisvaram
Mantota
Adampan
Talladi
Adankulam
Palampiddi
10km
Puliantivu
Thirukesvaram
Sanctuary
Vankalai Reef
Vankalai
Uyilankulam
Giant's Tank
Giant's Tank Sanctuary
Our Lady of the Holy Rosary
Pokkarvanr
Mathotam
Madhu
Gulf
Mannar
Murunkan
Periyapandivirichch
Kovitkulam

114

D
E
F
1
2
3
4
5
6
Bay of Bengal
Chempiyanpattu
Aliavalai
Soranpattu
Iyakachchi
Mulliyan
Elephant Pass
Vannankulam
Saltern Siding
Chundikkulam Bird Lagoon Sanctuary
Chundikkulam
Uriyan
Kandavala
Paranthan
Murasumoddai
Chalai
Vaddakkachchi
Kilinochchi
A35
Putumattalan
Theravilkulam
58
Valayanmadam
Iranamadu
Kokkavil (old)
Karaiyamullivaikal
Puthukkudiyiruppu
Nanthi Kadal Lagoon
Vadduvakallu
Terumurikandi
Iranamadu Tank
Nethali Aru
37
Kokkavil (new)
Pirappuveddduvan
Keppapulavu
Mullaittivu
Murikandy
A9
The Vanni
Chilavattai
Mutaliyarkulam
Mulliyawalai
Tanniyuttu
Padinaddampore
Aiyaperumal
Katkulam
Keridamadu
rn Province
Per Aru
49
A34
Kachchilamadu
Kulumurippu
Panikkankulam
Alampil
kandai
Odduchuddan
Kodalikallu
Chemmalai
Olumadu
Karuppaddamurippu
Kumulamunai
Nayaru Lagoon
Vannivilankulam
Vadakadu
Mankulam
Katkidanku
Tanduvan
Vavuni Kulam
Appakkuttikinattadi
Tannimurippu Kulam
Kokkuttoduvai
Kanakarayankulam
Nedunkeni
t t a r a d e s a
Chundikula & Kokkilai Bird Sanctuary
49
Putur
Nainamadu
Paddikkudiyiruppu
Kokkilai
Mundumurippu
Nochchikkulam
Tennamaravadi
Kokkilai Lagoon
202
Puliyankulam
Churiyan Aru
Melkulam Intermediate Zone
Maruthodai
A9
Chamalankulam
Pulmodd
Ma Oya
Uttukkulam
Siripura
Panikkaniravi
Amarivayal
Palamoddai
Malikai
Chemamadukulam
Parakramapura
Eramadu
Omantai
Irinai-Iluppaikkulam
Ilamaruthankulam
Vatadage of Tiriyai
Tavasiyakulam
Padawiya
Mamaduwa
Alut Hammillewa
Padawiya Tank
Kanakarayan Aru
Chamalankulam Aru
113
115

A
B
C
1
2
3
4
5
6
Vankalai Reef
112
Gulf of Mannar
Vankalai
Uyilankulam
Mathotam
Giant's Tank
Giant's Tank Sanctuary
Madhu
Nanaddan
Murunkan
A14
Kovitkulam
43
151
Arippu
Veppankulam
Pannaweddúvan
Aruvi Aru
Madhu Road
Arrippu Reef
Silavatturai
Parayanlankulam
Pearl Banks
Silavatturai Reef
Kondaichchi
Periyakunchukkulam
Periyam
Kal Aru
Cheval Bank
Karadikkuli
Mullikkulam
Marichchukkaddi
Kudremalai Point
Gate
Kaaradumunai
Modaragam Aru
Paymadu
Pallugaturai
Portugal
Bay
Karaitivu
Wilpattu National Park
Helambew
Mardanmaduwa
Ittikula
Bar Reef
Karuwalakuda
Dutch Bay Point
Pompparippu
Ippantivu
Mulakandaveli
Stone Age Grave Yard
Ambagahawew
Gate
Main Gate
Dutch Bay
Kirimundal
Periya Arichal
Hunuwilagama
Oddaka-rentivu
Erumativu
Aruvakalu
Pan Ela
Illavankulam
Nochchiyagan
St. Peter's Kerk
Kalpitiya
Kala Oya
Thimbiriwewa
Maragahawewa
Dutch Fort
Kandakuli
Karaitivu
Periyanagavillu
Mattutivu
Puliyankulam
Kala Oya
Pahala Halmillewa
Ambanttativu
Pullupiddi
Samativadi
Vannativillu
Puliyankulama
Tumbulagama
A12
Solay Wewa
Udayurputi
Palugassegama
82
Nagamadu
Puttalam
Palakkudah
Karadipuval
Warawewa
Talawila
St.Anna
Kumbukwewa
Galawewa
Lagoon
Andankani
Tabbowa
Tabbowa Wewa
270
Monatiwu
Karuwalagaswewa
Nuraicholai
Sellankandal
Murukkuwatawana
Puttalam
Navagattegama
Kalladi
Tammannawetiya
Mahananneriya
Mampuri
Palavi
Mi Oya
Maha Thorawa
6
10 km
Tetapolai
A3
Maha Uswewa
Kollankulama
Kottukachchiya
A10
118
114
160
Madurankuli
Tonigala
Dangasw
Bakmi
Anamaduwa
Kumbukwewa

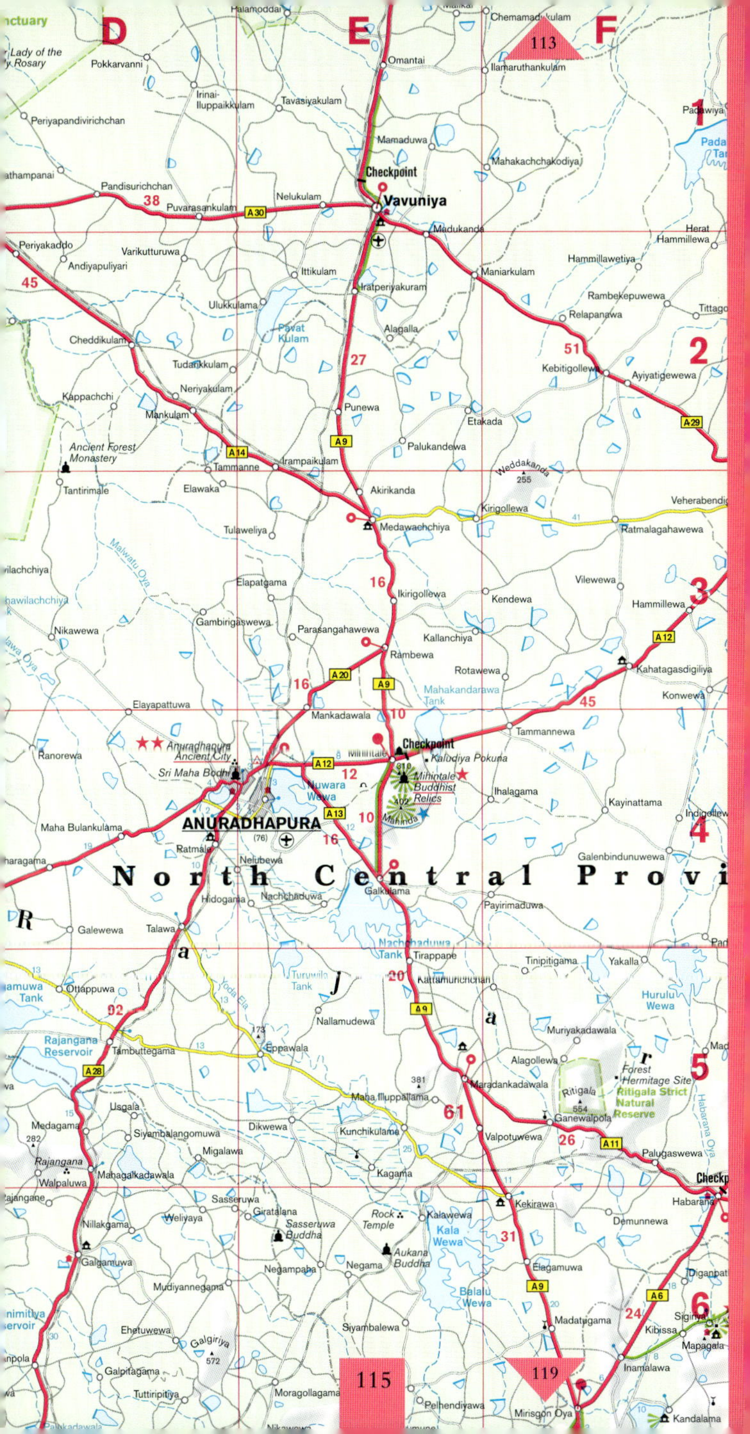

D
E
F
113
Omantai
Chemamadukulam
Ilamaruthankulam
Pokkarvanni
Irinai-Iluppaikkulam
Tavasiyakulam
Periyapandivirichchan
Padawiya
Mamaduwa
Mahakachchakodiya
Checkpoint
Vavuniya
Pandisurichchan
Puvarasankulam
Nelukulam
A 30
Madukanda
Herat Hammillewa
Periyakaddo
Varikutturuwa
Andiyapuliyari
Hammillawetiya
Ittikulam
Maniarkulam
Iratperiyakuram
Rambekepuwewa
Ulukkulama
Pavat Kulam
Relapanawa
Cheddikulam
Alagalla
Tudarikkulam
Kebitigollewa
Ayiyatigewewa
Neriyakulam
Kappachchi
Mankulam
Punewa
Etakada
A 29
A 14
A 9
Palukandewa
Ancient Forest Monastery
Tammanne
Irampaikulam
Weddakanda
Tantirimale
Elawaka
Akirikanda
Medawachchiya
Kirigollewa
Ratmalagahawewa
Tulaweliya
Malwatu Oya
Elapatgama
Ikirigollewa
Kendewa
Vilewewa
Hammillewa
Gambirigaswewa
Parasangahawewa
Nikawewa
Kallanchiya
Rambewa
A 12
Kahatagasdigiliya
Rotawewa
A 20
Mahakandarawa Tank
Konwewa
Elayapattuwa
Mankadawala
Tammannewa
Anuradhapura Ancient City
Checkpoint
Kaludiya Pokuna
Ranorewa
Sri Maha Bodhi
Mihintale Buddhist Relics
Ihalagama
Nuwara Wewa
Kayinattama
A 13
ANURADHAPURA
Mahinda
Maha Bulankulama
Ratmale
Galenbindunuwewa
Nelubewa
North Central Provi
Galkulama
Hidogama
Nachchaduwa
Payirimaduwa
Galewewa
Talawa
Nachchaduwa Tank
Tirappane
Tinipitigama
Yakalla
Turuwila Tank
Ottappuwa
Huruluwewa
Nallamudewa
Rajangana Reservoir
Tambuttegama
Eppawala
Muriyakadawala
A 28
Alagollewa
Forest Hermitage Site
Maradankadawala
Ritigala
Ritigala Strict Natural Reserve
Maha Illuppallama
Usgala
Medagama
Ganewalpola
Siyambalangomuwa
Dikwewa
Kunchikulama
Valpotuwewa
A 11
Migalawa
Palugaswewa
Rajangana
Mahagalkadawala
Kagama
Walpaluwa
Checkpoint
Sasseruwa
Kekirawa
Habarana
Giratalana
Rock Temple
Kalawewa
Weliyaya
Nillakgama
Sasseruwa Buddha
Kala Wewa
Demunnewa
Galgamuwa
Aukana Buddha
Negampaha
Negama
Elagamuwa
Mudiyannegama
Balalu Wewa
A 6
Madatugama
Sigiriya
Kibissa
Siyambalewa
Ehetuwewa
Galgiriya
Mapagala
Galpitagama
115
119
Inamalawa
Tuttiripitiya
Moragollagama
Pelhendiyawa
Mirisgon Oya
Kandalama

A
B
C
113
1
2
3
4
5
6
Eramadu
Vatadage of Tiriyai
Tiriyai
Kuchchaveli
Red Rocks Bay
Padawiya
Padawiya Tank
Alut Hammillewa
Punchimudagama
Yan Oya
Pangurugaswewa
Adampane
Pankulam Aru
Herat Hammillewa
Hammillawetiya
Wahalkada Tank
Eastern
Rambekepuwewa
Relapanawa
Tittagonewa
Kapugollewa
Tirappanai
Gomarankadawela
Dutuwewa
Kambakkodai
Ayiyatigewewa
A29
52
Pankulam
A12
Kanniyai
Kanniyai Hot Wells
Morawewa
215
Ratmale
Mora Wewa
158
Vayiruttu
Veherabendigala
Horowupotana
Ratmalagahawewa
97
Naval
213
Headworks
Sanctuary
Checkpoint
Tampalakam Bay
Tampalakamam
Vannatidal
Kalpe
Parangiyawadiya
A6
Vilewewa
Hammillewa
A12
Walahiddawewa
Anaolondewa
227
Pottanai
Tinneriveli
Kahatagasdigiliya
Konwewa
45
Vendarasan Kulam
Dematawewa
253
Kantale Tank
Kantale
Uppu Aru
Bellankadawala
Agbopura
Potankadu
Kayinattama
Indigollewa
Prov
Galenbindunuwewa
Diwulwewa
90
Province
Kandurukanda
292
Checkpoint
Yoda Ela
Padikaramaduwa
Veddikachchi
Wadigawewa
Alut Oya
114
Yakalla
Ambagaswewa
Migaswewa
Panwila
A6
Hurulu Wewa
292
Intermediate Zone
Kandulla Tank
Medirigiriya
Minneriya Kantalai
Madawala
Gal Oya
Gal Oya Junction
Medirigiriya
Diyasenapura
Palliyagodella
Forest Hermitage Site
Ritigala
Ritigala Strict Natural Reserve
554
Morakanda
Diwulankadawala
Talakolawewa
Kandulla Oya
Habarana Oya
A11
Palugaswewa
Kandulla
Minneriya
Hinguruwakdamana
Sungawila
Mahaweli Ganga
41
Checkpoint
Habarana
Ambagaswewa
Minneriya Giritale Sanctuary
Hingurakgoda
Demunnewa
Moragaswewa
Hath Amuna
Tambala
Flood Plains National Park
Minneriya Tank
A11
Jayanthipura
Giritale
Diganpathaha
Giritale Tank
Pubudu Lace Centre
Onegama
A6
Katukeliyawa
Sigiriya
Sigiriya Rock Fortress
Polonnaruwa
Kibissa
Lion Rock (Sinha Giri)
Polonnaruwa Ancient City
Kaduruwela
Mapagala
Inamalawa
120
116
Ganangolla
Gallella
Mannampitiya
Kandalama
Attanakada
Getamune
Horiwila

D
E
F
1
2
3
4
5
6
INDIAN
OCEAN
piddi
kandi
Piggeon Island
Nilaveli
Sempadu
Uppuveli
Koneswaram Kovil
Swami Rock (Lover's Leap)
Frederick
130
TRINCOMALEE
(TRINCO)
(30)
Fort Ostenburg
Hermes
China Bay
Elephant Island
Shell Bay
Foul Point
Koddiyar
Round Island
Kinniyai
Bay
Sampur
Ilakkantai
Tamaraivillu
Mutur
Kaddaiparichchan
Malaimuntai
A15
Toppur
Ullackale
Lagoon
Ganga
Palattadichchenai
Seruwawila
Kankuveli
Allai
Tank
Kiliveddi
nce
Somapura
Ichchilampattai
awathie
aitya
Vellai
anctuary
Sunkankuli
Pawana Aru
Verugal
79
Kathiraveli
Mawila
Trikonamadu
Natural Reserve
Upaar
Lagoon
Vakarai
athie
Trikonamadu
Vellaiyadimadu
Panichchankeni
Bodigoda Aru
akadu
A15
Kokkavillu
Mankerni
Elephant Point
65
50
Punani
Nasuvantivu
Vandeloos Bay
10 km
Welikanda
A11
Vakaneri
Trikkandimadu
Vakaneri
Tank
Passekudah Bay
Passekudah
Maduru Oya
Kalkuda
aweli
ot Spring
d Spring
Valachchenai
A15
Kumburumulai
117
121

A
B
C
1
2
3
4
5
6
114
10 km
A10
160
Tonigala
Anamaduwa
Ambanpola
Bakmiwewa
Madurankuli
Perukkuwattan
Mangalaveli
Mahakumbukkadawala
Kumbukwewa
Kaluachchigama
Uduweriya
Palokadawala
238
58
Mundal Lagoon
Mundal
Kalagamu Oya
Palugaswewa
Andigama
67
Timbiriyawa
Daladagama
Mahi
Balalla
Ambale
Pahala Mawatagala
Kadawala
Kiriyankaliya
Nikaweratiya
Udappuwa
North Western Province
Landawatta
Polontalawa
Battulu Oya
Temple
Witikuli
Ujakale
Anaivilundawa
Pallama
Digitowa
Kobeigane
Padeniya
Rajakadaluwa
Wirapokuna
Bangadeniya
Rambawewa
Wariyapola
Deduru Oya
Hettipola
Torakotuwa
Panduwas Nuwara
Wilakatup
Binginya
Bowatta
Munnesvaram Kovil
Dutch Fort
Chilaw
Kokkawila
Munnessarama
Saraswatta
26
Bamunakotuwa
316
Munamaldeniya
Karambalan Oya
Angomuwa
Kakkapalliya
Chilaw Lake
Katupota
Madampe
Koshena
Dummalasuriya
Udubaddawa
KU
Kuliyapitiya
Dandagamuwa
Uhumiya
Mahawewa
Kudawewa
Kadahapola
Bihalpola
Kalugar
A3
Walahapitiya
Narammala
Puwakgahako
Tummodara
Dunekedeniya
Marawila
Nattandiya
Dampelessa
46
Andigama
Yakwila
Koswatta
Dambadeniya
Katuneriya
Welpalla
Lunuwila
Wennappuwa
Coconut Research Institute
Maharachchimulla
Makandura
Pannala
Polgahawe
Nainamadama
Sandalankawa
Giriulla
Maha Oya
159
17
A6
Bolawatta
Dankotuwa
Badalagama
Alawwa
Kotadeniyawa
Kochchikade
Godigomuwa
Nawana
Beligala
Mirigama
Ambepussa
Nelundeniya
Katana
Dunagaha
Warakapola
Portuguese Fort
Diwulapitiya
NEGOMBO
Danowita
St. Mary
Andiambalama
Pallewela
31
Kota Vihara
Dedigam
Archaeo Museum
Nalapaha
Talahera
Kurana
Cadjugama
Graphite
KATUNAYAKE
Colombo International Airport
Minuwangoda
Dewalapola
Pasyala
Veyangoda
A1
Niyadurupola
Pindeniy
Negombo Lagoon
16
Weediyawatta
Bandaranaike Memorial
Nittambuwa
Wathupitiwala
Galapitamada
Duwa Islands
Seeduwa
Udugampola
Henarathgoda Botanical Gardens
Salgala
Kotugoda
Attanagalla
Pamunugama
A3
A33
18
Ekala
Urapola
Kelani Ganga
JA-ELA
Gampaha
Attanagalu Oya
392
Waharaka
Yakkala
Udathuththiripitiya
Free Trade Zone
Miriswatta
Varana
Dutch Canal
Ganemulla
Galboda
Gem
Anguruv
Kandana
Ruwanwe
Kirindiwela
WELISARA
RAGAMA
Weliveriya
Radawana
Karawanella
A1
30
Weke
Amithirigala
Bangadeniya
24
Mapitigama
HENDALA
KADAWATA
Henegama
A7
Mahara
DALUGAMA
Kirbathgoda
Pugoda
16
Dehiov
Raja Maha Vihare
Migahawatta
Mawaramandiya
COLOMBO
Peliyagoda
Kelani Ganga
Talduwa
Avissawella
KELANIYA
Malwana
Dompe
Biyagama
Kosgama
Sitavka
122
Angoda
Puwakpitiya
Royal Colombo Golf Club
KOTIKAWA
51
A4
Hanwella
Getahetta

D
E
F
115
1
2
3
4
5
6
Pitagama
Tuttiripitiya
Moragollagama
Andiyagala
Pelhendiyawa
Inamalawa
Kandalama
Kandalama Wewa
Mirisgoni Oya
Nikawewa
Kadurumune
Dambulla Cave
Dambulla Rock
Dambulla
Raja Maha Vihara
Konwewa
Madagalla
Damana
Yapahuwa
Yapahuwa Fortress
Degadaturawa
Polpitigama
Hakwatuna Oya Tank
Alutwewa
Alutwegedara
Pannampitiya
Bakamuna
Amban Ganga
Kotta
Galewela
Welangollo
Makulpota
Dambagolla
Elahera
Rambe
Madahapola
Wahakotte
Naula
Divulwewa
Dokanduwala
Kongahawela
Madipola
Wadakahagala
Kumbukgete
Nalanda Gedige
Nalanda
Talagoda
Hiripitiya
Ganewatta
Arankele
Arankele Ancient Sylvan Monastery
Palliyadda
Bowatenne Tank
Kaluganga
Melsiripura
Halwetuna Oya Reservoir
Kumbukwewa
Koholanwela
Pallepola
Opalgala
Yaddessagala Rock
Madawela Ulpota
Karagahtenna
Gokarella
Mahawela
Spice Garden
Kawudupelella
Dodangaslanda
Galgomuwa
Wellawa
Ibbagamuwa
Ridigama
Gammaduwa
Maspota
Dombawela
Hunuketalla
Elagalla
Pallegama
Pubbarawela
Ridigama Vihara
Palapatwela
Handapanwela
Rattota
Laggala
Aluvihara
Barandara
Kaikawala
NEGALA
Etagala Rock
Rambodagalla
Aluvihara
Mandandawela
Matale Spice Garden
Mallawapitiya
MATALE
Karagahalande
Wanaru Wewa
Ankumbura
Central
Mawatagama
Knuckles Range
Balakaduwa Pass
Potuhera
Weuda
Ukuwela
Elkaduwa
Bambrella
Tunhisgala
Katupitiya
Alawatugoda
Madulkele
(Dumbara Hills)
Galagedara
Akurana
Panwila
Wattegedara
Rangala
Wattegama
Hunas Falls
Werellagama
Rambukkana
Katugastota
Madawala
Udispattuwa
Kadigomuwa
Elephant Bathing Place
KANDY
Teldeniya
Maha Oya
Pinawela Elephant Orphanage
Murutalawa
Menikdiwela
Peradeniya Botanical Gardens
Dalada Maligawa
Temple of the (Buddha's) Tooth
Hunnasgiriya
Alagalla
Kandy Lake
Headquaters of Mahaweli Scheme
Urugala
Balana
Kundasale
Uluwahkanda
Kadugannawa
Peradeniya
Talatu Oya
Udamulla
Kegalla
Mawanella
Gadaladeniya Vihara
Diyana
Victoria Reservoir
Victoria
Galigomuwa
Wattappola
Daulagala
Victoria Falls
Panhagala
Lankatilaku Vihara
Gelioya
Galaha
Marassana
Hettimulla
Batgala (Bible Rock)
Embekke Devala
Mahaweli Ganga
Potgul Maglla Vihara
Hemmatagama
Kehelwatta
Gampola
Deltota
Hanguranketa
Panwilatenna
Rikillagaskada
Undugoda
Aranayaka
Province
Pupuressa
Pusselawa
Hewaheta
Dedugala
Ulapane
Maturata
Wathumulla
Dolosbage
Kurundu Oya Falls
Morape
Ramboda
Nawalapitiya
Ramboda Falls
Punugala
Kotmale Reservoir
Ramboda Pass
The Movie "Bridge over River Kwai" was shot here in 1957
Hangaran Oya
Hill
Country
Galboda
Pundaluoya
Brookside
Kotmale
Ginigathena Pass
Kandapola
Pidurutalagala
Kitulgala
Teligama
Ginigathena
Maskeliya Oya
Carolina Falls
St. Clair Falls
Watagoda
Nuwara Eliya Golf Club
Race Course
Aberdeen Falls
Carolina
Great Western
Nuwara Eliya
Galway's Land Sanctuary
One Tree Hill
Sita-Eliya
Laksapana Falls
Devon Falls
Dimbula
Talawakele
Nanu Oya
Hakgala
Deraniyagala
Watawala
Norton Bridge
Lindula
Tea Research Institute
Ambawela Plains
Hakgala Botanical Gardens
Maliboda
119
123
A6
A9
A10
A1
A19
A21
A26
A5
A7
B43
B41
20
33
120
12
35
38
40
45
49
56
61
69
72
73
24
14

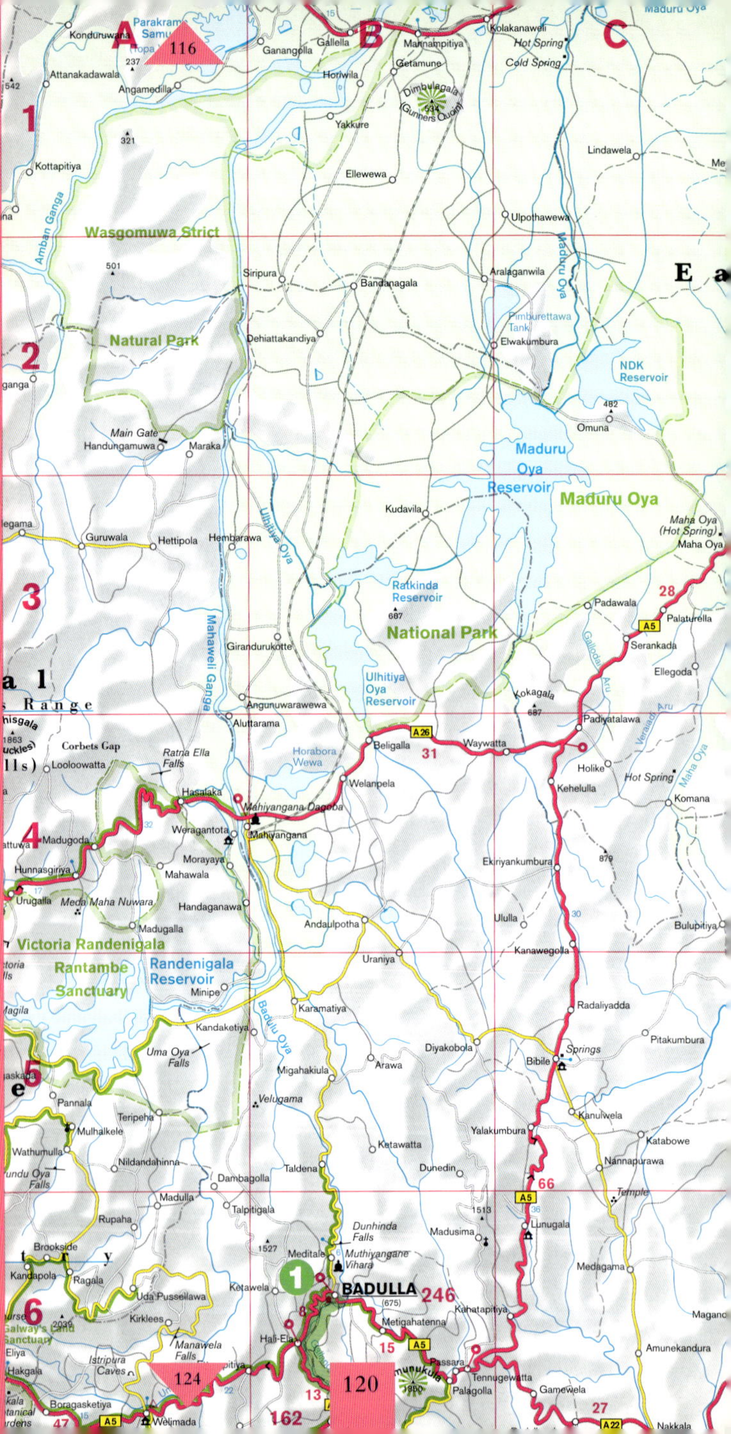
A
B
C
1
2
3
4
5
6
116
124
120
Parakrama Samudra
Topa
Konduruwana
Ganangolla
Gallella
Mannampitiya
Kolakanaweli
Hot Spring
Cold Spring
Maduru Oya
237
542
Attanakadawala
Angamedilla
Horiwila
Getamune
Dimbulagala
534
(Gunners Quoin)
Yakkure
321
Lindawela
Kottapitiya
Ellewewa
Amban Ganga
Ulpothawewa
Wasgomuwa Strict
Natural Park
501
Siripura
Bandanagala
Aralaganwila
E a
Pimburettawa Tank
Elwakumbura
Dehiattakandiya
NDK Reservoir
482
Omuna
Main Gate
Handungamuwa
Maraka
Maduru Oya Reservoir
Maduru Oya
National Park
Kudavila
Maha Oya (Hot Spring)
Maha Oya
Guruwala
Hettipola
Hembarawa
Ulhitiya Oya
Ratkinda Reservoir
687
28
Padawala
A5
Palaturella
Serankada
Ellegoda
Mahaweli Ganga
Girandurukotte
Ulhitiya Oya Reservoir
Anguruwarawewa
Kokagala
Padiyatalawa
Aluttarama
Corbets Gap
Ratna Ella Falls
Looloowatta
Horabora Wewa
Beligalla
A26
31
Waywatta
Holike
Hot Spring
Kehelulla
Maha Oya
Welanpela
Komana
Hasalaka
Mahiyangana Dagoba
Weragantota
Mahiyangana
Madugoda
Hunnasgiriya
Urugalla
Morayaya
Mahawala
Meda Maha Nuwara
Handaganawa
Ekiriyankumbura
879
Madugalla
Andaulpotha
Ululla
Bulupitiya
Victoria Randenigala
Rantambe
Sanctuary
Randenigala Reservoir
Minipe
Uraniya
Kanawegolla
Karamatiya
Radaliyadda
Kandaketiya
Badulu Oya
Uma Oya Falls
Diyakobola
Pitakumbura
Springs
Bibile
Arawa
Migahakiula
Pannala
Velugama
Teripeha
Mulhalkele
Kanulwela
Yalakumbura
Katabowe
Ketawatta
Wathumulla
Nildandahinna
Taldena
Dunedin
Nannapurawa
Dambagolla
66
Temple
Madulla
Talpitigala
A5
1513
Rupaha
Dunhinda Falls
Madusima
Lunugala
1527
Brookside
Meditale
Muthiyangane Vihara
Medagama
Kandapola
Ragala
1
Ketawela
BADULLA
(675)
246
Uda Pussellawa
Kahatapitiya
Kirklees
2039
Metigahatenna
Galway's Land Sanctuary
Hali-Ela
Manawela Falls
15
A5
Amunekandura
Eliya
Istripura Caves
Passara
Hakgala
Tennugewatta
Palagolla
Gamewela
Boragasketiya
13
27
47
A5
Welimada
162
A22
Nakkala

D
E
F
117
1
2
3
4
5
6
Passekudah
Kalkudah
Valachchenai
A15
Kumburumulai
23
Kalkudah Bay
Sittandikudi
Miyangolle Ela
Lavani Aru
Chenkaladi
Eravur
A15
15
Palameenmadu
Iralakkulam
Illuppadichchenai
Koddaimunnai
Lagoon
stern
A5
Mahilavaddavan
BATTICALOA
(BATTI)
Karadiyanaru
Mantivu
Checkpoint
Kattankudi
42
Ayittiyanalai
Rukam
Talankuda
Hot Spring
47
Mundeni Aru
Thumpalancholai
Kanchurankudah
Rugam
Tank
Unnichchai
Kokkadichcholai
Cheddipalaiyam
Pulaveli
Periyapullumalai
Unnichchai
Tank
Korukkapuliyuttu
259
Pulukunavai
328
Temple
A4
61
Divulanai
A27
Paddiruppu
Vellaveli
402
316
Mandur
Navakiri Aru
Tank
Bakkiella
Kallar
Walimbe Hela
658
(Friar's Hood)
Kalmunai
Sorikalmunai
Checkpoint
Magamvatavan Aru
Sainthamaruthu
Andella Oya
Tank
Andella Oya
Chadayantalawa
Karativu
Uhana
Sammanturai
Nintavur
Ratmalagaha Ella
21
Malvattai
Pulladiputti
A31
Checkpoint
A4
Kondavatavana
Tank
Ampara
Tank
Namal Oya
Reservoir
Ampara
Sengapadai
Gal Oya
Archaeological
Museum
Digavapi
Dagoba
Palamunai
Kondavattavan
868
A25
Irakkamam
Irakkamam
Tank
Gal Oya
Senanayake
Samudra
Inginiyagala
Province
Akkaraipattu
Nilgala
Padagoda
24
Damana
Sinnamu-
hattuvaram
Ekgal Aru
Tank
Ambalam Oya
Periya
Kalapuwa
Ambalam Oya
Reservoir
Jayanthi
Wewa
Wadinagala
Sakamam
Sakamam
Sanctuary
Tirukkovil
Thottama
Pannela Oya
Tank
National Park
67
731
A25
Baduluwela
Pannelagama
Tank
224
Rufus
Kulam
Kotagoda
58
A4
Buddama
Govinda Hela
558
(Westminster Abbey)
Weragoda
Sangaman-
Kanda
Point
Kumbukgolla
Mirahala
26
Kandanketiya
10 km
Komari
Dambagalla
Hulanuge
Lahugala-Kitulana
National Park
455
Kandu Oya
Nabegoda
125
Galebedda
35
Kodayana
A4
Arugam
Bay
A4
37
Siyambalanduwa
Lahugala
Tank

118
A
B
C
1
2
3
4
5
6
KELANIYA
Angoda
Kaduwela
KOTIKAWATTA
B1
51
A4
Hanwella
Puwakpitiya
Sitavka
Getahetta
SRI JAYAWARDHANPURA
(KOTTE)
BATTARAMULLA-
TALANGAMA
Nugegoda
MAHARAGAMA
61
Galagedara
Labugama
Waga
43
Eheli
29
Dehiwala
Zoo
Pannipitiya
Migoda
DEHIWALA-
MOUNT LAVINIA
Kottawa
HOMAGAMA
Padukka
Labugama
Reservoir
Kalatuwawa
Reservoir
A4
A2
Colombo
Domestic
Airport
Western
Diyagama
Angulana
Lunawa
Piliyandala
Talagala
Kesbewa
Kahutuduwa
MORATUWA
Polgasowita
Kindelpitiya
Handapangoola
Erepola
Madapata
Bolgoda
Lake
Gonapola
Kahatapitiya
Raigama
Koralawella
Kindelpitiya
Maddena
Ingiriya
69
Idangoda
Widiyapola
Egoda Uyana
Kalupahana
A8
Kalu Ganga
Nambapana
Horana
PANADURA
Bandaragama
Alubomulla
Tuttiripitiya
Govinna
Gonaduwa
Wadduwa
Province
Kehellenawa
Bulatsinhala
Udawalakanda
Kukulugala
704
Panapitiya
Anguruwatota
Alavi
Waskaduwa
Galpata
Narthupana
Egaloya
A2
Kalu Ganga
Koholana
Mahagama
Molkawa
Kalutara North
Gangatilaka
Vihara
Tebuwana
Neboda
KALUTARA
Nagoda
Kalutara South
Katukurunda
Motorcycle
Car Races
Dodangoda
Rubber
Research
Institute
Pimbura
Agalawatta
Paiyagala North
Paiyagala South
Lathpandura
Maggona
Matugama
Bellana
60
Low
Baduraliya
Kechimalai
Mosque
Eladuwa
Katugahahena
251
Maguru Ganga
BERUWALA
(BARBERYN)
Kirantidiya
Horawala
Ambepitiya
Brief Garden
Moragala
Welipenna
Dharga Town
Alutgama
Galapata
Vihara
Migahatenna
Bentota
Ittapana
Country
Pelawatta
Haburugala
Bentota Ganga
Gulanawatta
Induruwa
Udugama
A2
Victor Hasselblad
Turtle Hatchery
Uragasmanhandiya
Pitigala
Kosgoda
168
Madu Ganga
Telgaspe
Ahungalla
Elpitiya
Kurundugahahetekma
Balapitiya
Watugedara
Dutch Church
Etkandura
Tanabaddegama
Ambalangoda
Batapola
Kahaduwa
Moonstone
Quarry
Mitiyagoda
Ampegama
Gin Ganga
Kahawa
Baddegama
Unanwitiya
Totagamuwa
Telwatte Vihara
Hikkaduwa
Gonapinuwala
Lelwala
Hikkaduwa
Coral Sanctuary
B12
Wandura
Polgasduwa
Lagoon
Poddala
Dodanduwa
Turtle Research
Centre
Wakwella
Akmimana
34
Boossa
Gintota
Galweta
GALLE
Dutch Fort
Point de Galle
Unawatuna
Pitiduwa
A2
Habara
INDIAN
OCEAN
10 km

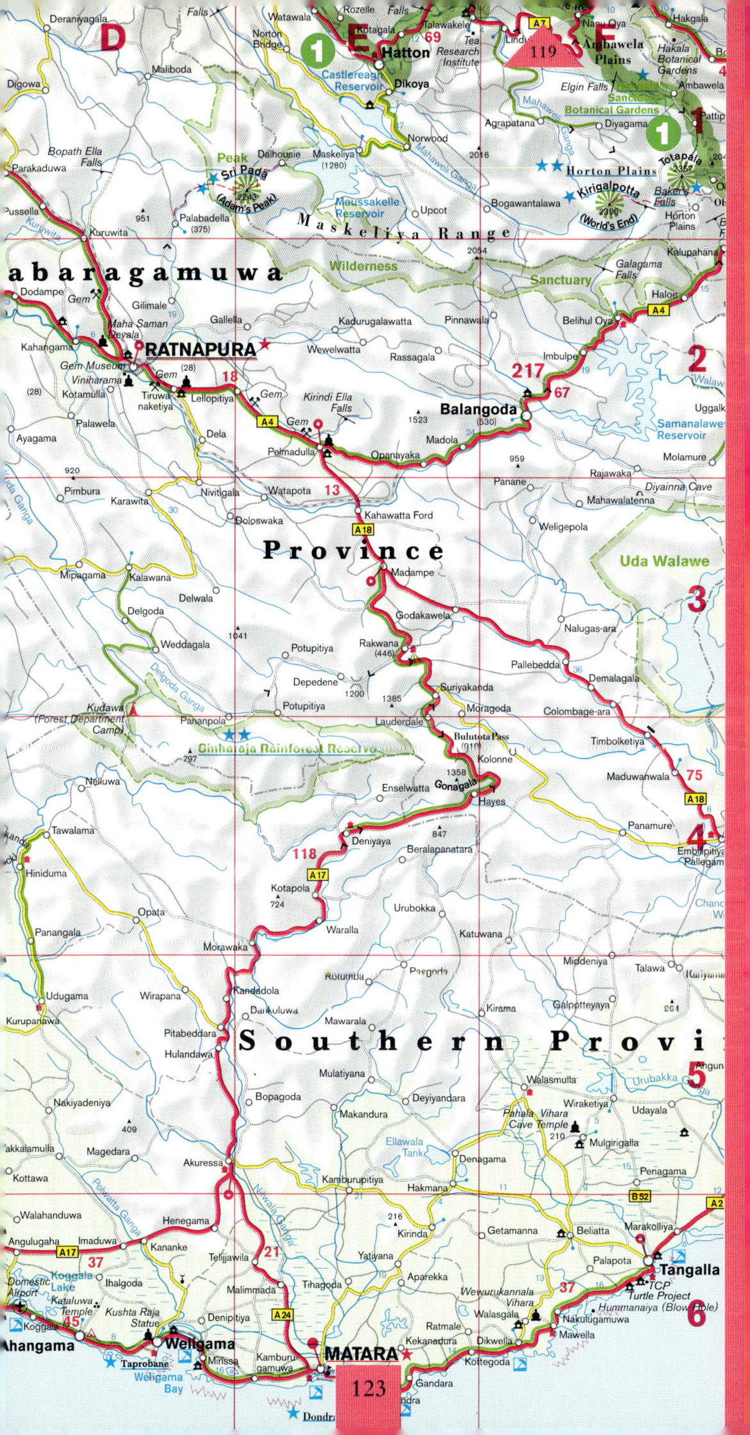
D
E
F
119
123
1
2
3
4
5
6
Hatton
Dikoya
Castlereagh Reservoir
Norton Bridge
Watawala
Kotagala
Talawakele
Tea Research Institute
Nanu Oya
Ambawela Plains
Hakgala
Hakala Botanical Gardens
Ambawela
Elgin Falls
Botanical Gardens
Agrapatana
Diyagama
Pattipola
Totapala 2357
Horton Plains
Kirigalpotta 2395
(World's End)
Bakers Falls
Horton Plains
Norwood
Maskeliya (1280)
Dalhousie
Peak
Sri Pada 2243
(Adam's Peak)
Maussakelle Reservoir
Upcot
Bogawantalawa
Maskeliya Range
Wilderness
Sanctuary
Galagama Falls
Kalupahana
Haloe
Belihul Oya
A4
Deraniyagala
Maliboda
Digowa
Bopath Ella Falls
Parakaduwa
Pussella
Kuruwita
Palabadella (375)
951
Sabaragamuwa
Dodampe
Gem
Gilimale
Maha Saman Devala
Kahangama
RATNAPURA
Gem Museum
Viniharama
Kotamulla
Tiruwanaketiya
Lellopitiya
18
Gallella
Kadurugalawatta
Pinnawala
Wewelwatta
Rassagala
Imbulpe
217
67
Balangoda (530)
Kirindi Ella Falls
1523
Madola
Opanayaka
Pelmadulla
Dela
Palawela
Ayagama
Samanalawewa Reservoir
Uggalkaltota
Molamure
Rajawaka
Diyainna Cave
Mahawalatenna
Panane
959
Weligepola
Uda Walawe
920
Pimbura
Karawita
Nivitigala
Watapota
13
Kahawatta Ford
A18
Doloswaka
Province
Madampe
Godakawela
Nalugas-ara
Mipagama
Kalawana
Delwala
Delgoda
1041
Weddagala
Potupitiya
Rakwana (446)
Pallebedda
Demalagala
Depedene
1200
1385
Suriyakanda
Moragoda
Colombage-ara
Kudawa
(Forest Department Camp)
Delgoda Ganga
Pananpola
Potupitiya
Lauderdale
Bulutota Pass
Timbolketiya
Sinharaja Rainforest Reserve
797
Kolonne
Maduwanwala
75
1358
Gonagala
Enselwatta
Hayes
Nelluwa
Tawalama
Deniyaya
847
Beralapanatara
Panamure
Embilipitiya
Pallegama
118
A17
Hiniduma
Kotapola
724
Urubokka
Opata
Panangala
Waralla
Morawaka
Katuwana
Middeniya
Talawa
Kariyamaditta
Rotumba
Pasgoda
Udugama
Wirapana
Kandedola
Kirama
Galpotteyaya
Kurupanawa
Dankuluwa
Mawarala
Pitabeddara
Hulandawa
Southern Province
Mulatiyana
Walasmulla
Urubokka
Angunakolapelessa
Nakiyadeniya
Bopagoda
Deyiyandara
Wiraketiya
Udayala
Makandura
Pahala Vihara Cave Temple
210
Mulgirigalla
409
Akkalamulla
Magedara
Ellawala Tank
Denagama
Kottawa
Akuressa
Kamburupitiya
Hakmana
Penagama
B52
A2
Walahanduwa
Henegama
216
Kirinda
Getamanna
Beliatta
Marakolliya
Angulugaha
Imaduwa
A17
Kananke
21
Telijjawila
Palatopa
Tangalla
37
Koggala Lake
Ihalgoda
Yatiyana
Aparekka
Domestic Airport
Kataluwa Temple
Kushta Raja Statue
Malimmada
Tihagoda
Wewurukannala Vihara
TCP Turtle Project
Hummanaiya (Blow Hole)
Koggala
45
Denipitiya
A24
Walasgala
Nakulugamuwa
Ahangama
Weligama
Mirissa
Kamburugamuwa
MATARA
Ratmale
Kekanadura
Dikwella
Mawella
Taprobane
Weligama Bay
Kottegoda
Gandara
Dondra

Hakgala
Istripura Caves
Ettampitiya
A
120
Bassara
Namunukula
1850
B
Tennugewatta
Palagolla
Gamewela
C
27
Nakkala
Hakgala Botanical Gardens
Boragasketiya
A5
47
Welimada
Malitta
13
162
A16
Demodara
Namunukula
Badalkumbura
A22
Ambawela
Keppetipola
Ella
Ella Gap
1446
1541
Ballakatuwa
Rawana Cave
Hulandawa
Pattipola
B810
B51
Church of the Ascension
Helamuduna
Dowa Vihara
Rawana Ella Falls
Uva Prov
Totapola 2357
2040
Boralanda
Bandarawela
A23
Hingurukaduwa
Ohiya
Ohiya Pass
Horton Plains
Diyatalawa
A16
25
Livangahawela
25
Randeniya
645
Kumbukkana
B805
Bambarakanda Falls
Idalgashinna
1
A4
Adisham Monastery
Haputale (1400)
Yudaganawa
Kalupahana
Haldummulla (1020)
Beragala
Diyaluma Falls
Pelwatte
Buttala
Okkampitiya
Maligawila
34
Koslanda
Tarawagama
33
Wellawaya
A4
Gampaha
Wadinahela
665
573
Habessa
723
Bintenna
Buduruwagala
Watta
Konketiya
2
Walawe Ganga
Handapanagala Wewa
Talakolawewa
Uggalkaltota
Kirindi Oya
Samanalawewa Reservoir
Hituwalena Cave
B53
Molamure
Tellula
Linna Cave
A2
27
R
Menik Ganga
Walawe
Hambegamuwa
Kuda Oya
55
Kuda Oya
Galge
3
National Park
Uda Walawe Reservoir
Mau Ara
Angunakolapelessa
Nikawewa
Tanamalwila
Kirindi Oya
Kiri Vihara
Kataragama Pilgrim
Bodagama
Kuda Oya Camp
Karawila Wewa
Maha Devala
Lunuganwehera Reservoir
Kotakumbukka
289
Wedahitikanda
Ruins
157
424
Kataragama Peak
75
A18
Migahajandura
Embilipitiya
Mahagana
Udamattala
Lunuganwehera
Wirawila-Tissa Bird Sanctuary
4
Embilipitiya-Pallegama
Ruins
Surijawewa
Elalla
B53
Tunkama
Walawe Ganga
Pannegamuwa
Tissa Wewa
Maha Akurugoda (Tanjanagaram)
7
Debarawewa
Yoda Wewa
Chandrika Wewa
Wirawila Wewa
Tissamaharama Vihara
Tissamaharama (Tissa)
Monolith
Mahapalessa Hot Springs
Malala Oya
Badagiriya
Wirawila
Uduwila
Kariyamaditta
Siyambalagoda
Ridiyagama Tank
Gannoruwa
Keliyawalana
Karambagala Caves
118
A2
Kirinda
264
Embilikala Kalapuwa
Bundala Lewaya
Weligatta
vince
Ridiyagama
Malala Oya
Bundala
Lansiya
Angunakolapelessa
Udamalala
Bundala Bird Sanctuary
5
Malala Lewaya
Ruins
Ganegoda
41
Beragama
Karagan Lewaya
Godayaya
Gurugudu Point
Ambalantota
Hambantota
Nonagama
Hungama
Mirijjawala
Ranna
24
Kalametiya Lagoon
Kalametiya Bird Sanctuary
A2
Kahandamodara
INDI
Tangalla
(Blow Hole)
6

D
E
F
121
A4
37
105
35
Galebedda
Kodayana
Siyambalanduwa
Magama
Liyangolla
Wattumbegoda
Lahugala
Magul Maha Vihara
Sengamuwa
Pottuvil
Arugam Bay
Lahugala Tank
National Park
Karandu Oya
Heda Oya
Ethimale
Wattegama
Kotiyagala
Wila Oya
Raddella
Panama
Panama Kalapuwa
Wedagama
Wedagama Wewa
Panama Wewa
Panakala Kalapuwa
Solambe Kalapuwa
Kunukala Kalapuwa
Dombagahawela
Mailla
Okandawara Bay
Okanda
Yala East National Park
Kumbukkan Oya
Wessigewela
Mahawelatota
Kirigalla Bay
Kumana Bird Sanctuary
Marescaux Rocks
Kumana Wewa
Kumana
Linda
West (Ruhuna) National Park
Kurunde Ara
Ruhuna Wildlife Sanctuary
Little Basses Reef
Menik Ganga
Main Entrance
Katagamuwa
Sithulpahuwa
Yala
Patanangala
Buthawa
Main Gate
Great Basses Reef
A N O C E A N
10 km
1
2
3
4
5
6

LEGENDE REISEATLAS

le Mans-Est 4	Autobahn mit Anschlußstelle Motorway with junction
Datum, Date	Autobahn in Bau Motorway under construction
Datum, Date	Autobahn in Planung Motorway projected
R	Raststätte mit Übernachtungsmöglichkeit Roadside restaurant and hotel
R	Raststätte ohne Übernachtungsmöglichkeit Roadside restaurant
E	Erfrischungsstelle, Kiosk Snackbar, kiosk
T	Tankstelle Filling-station
	Autobahnähnliche Schnellstraße mit Anschlußstelle Dual carriage-way with motorway characteristics with junction
	Straße mit zwei getrennten Fahrbahnen Dual carriage-way
	Durchgangsstraße Thoroughfare
	Wichtige Hauptstraße Important main road
	Hauptstraße Main road
	Sonstige Straße Other road
	Bergbahn Mountain railway
	Sessellift (Auswahl) Chair-lift (selection)
	Autotransport per Bahn Transport of cars by railway
	Autofähre Car ferry
	Schiffahrtslinie Shipping route
	Landschaftlich besonders schöne Strecke Route with beautiful scenery
Routes des Crêtes	Touristenstraße Tourist route
	Straße gegen Gebühr befahrbar Toll road
	Straße für Kraftfahrzeuge gesperrt Road closed to motor traffic
	Zeitlich geregelter Verkehr Temporal regulated traffic
15%	Bedeutende Steigungen Important gradients

Kultur
Culture

★★ PARIS ★★ la Alhambra	Eine Reise wert Worth a journey
★ TRENTO ★ Comburg	Lohnt einen Umweg Worth a detour

Landschaft
Landscape

★★ Rodos ★★ Fingal's cave	Eine Reise wert Worth a journey
★ Korab ★ Jaskinia raj	Lohnt einen Umweg Worth a detour
	Besonders schöner Ausblick Important panoramic view
	Nationalpark, Naturpark National park, nature park
	Sperrgebiet Prohibited area
4807	Bergspitze mit Höhenangabe in Metern Mountain summit with height in metres
	Kloster, Tempel, Heiligtum (buddhistisch) Monastery, temple, shrine (Buddhist)
	Tempel, Heiligtum (hinduistisch) Temple, shrine (Hindu)
	Moschee · Moschee-Ruine Mosque · Mosque ruin
	Kirche · Kirchenruine Church · Church ruin
	Kloster · Klosterruine Monastery · Monastery ruin
	Schloß, Burg · Burgruine Palace, castle · castle ruin
	Denkmal · Wasserfall Monument · Waterfall
	Höhle · Ruinenstätte Cave · Ruins
	Sonstiges Objekt Other object
	Hotel, Berghütte Hotel, refuge
	Rasthaus · Rastlager Rest House · Tented camp
	Jugendherberge Youth hostel
	Badestrand · Surfen Bathing beach · Surfing
	Tauchen · Fischen Diving · Fishing
	Verkehrsflughafen · Flugplatz Airport · Airfield

REGISTER

In diesem Register finden Sie alle in diesem Führer beschriebenen Orte und Sehenswürdigkeiten. Halbfette Seitenzahlen verweisen auf den Haupteintrag, kursive auf ein Foto.

Was bekomme ich für mein Geld?

Sri Lanka ist für Reisende aus Deutschland, Österreich und der Schweiz ein ausgesprochen günstiges Ferienziel.

Landeswährung ist die Rupie (Rp., Mehrzahl Rps.). Für 5 bis 12 Mark bekommen Sie ein reichhaltiges Currymenü, für etwa 12 bis 20 Mark im Strandlokal gut gewürzte Riesengarnelen. Nicht ganz billig ist Bier (große Flasche ca. 4 bis 5 Mark).

Mietwagen mit Fahrer liegen bei 450 Mark pro Woche, inklusive Unterkunft/Verpflegung für den Fahrer. Benzin ist relativ günstig (um 1,30 Mark). Extrem billig sind Reisen mit Bahn oder Bus. So kostet die dreistündige Zugfahrt von Colombo nach Kandy nur knapp zwei Mark (in der 2. Klasse in »normalen« Zügen; es verkehren auch teure Touristenzüge mit Pauschalprogramm).

Die meisten Besucher werden im Internationalen Flughafen von Colombo (Katunayake) ankommen, eine Fahrtstunde mit Bus oder Taxi vom Zentrum entfernt. Für Individualreisende empfiehlt sich das Taxi (rund 1000 Rps.); der Weg zu den Linienbussen ist weit. Tauschen Sie am besten gleich nach der Ankunft am Bankschalter in der Ankunftshalle einen Betrag für die ersten Tage um. Denken Sie vor der Rückreise daran, 500 Rps. in Landeswährung für die Flughafensteuer bereitzuhalten (das gilt nur für Individual-, nicht für Pauschaltouristen).

Die meisten Hotels akzeptieren Kreditkarten, bevorzugt werden Visa und American Express genommen.

DM	Rupie	Rupie	DM
1	38	5	0,13
2	76	10	0,26
5	190	20	0,53
10	380	50	1,32
20	759	75	1,98
50	1.898	100	2,64
75	2.846	200	5,27
100	3.795	500	13,18
150	5.693	1.000	26,35
200	7.590	2.000	52,70
500	18.975	5.000	131,75
1.000	37.950	10.000	263,50

Bei Zahlungen per Scheck oder Kreditkarte am Urlaubsort werden obenstehende Kurse zugrunde gelegt (Stand: Januar 2000)